Johannes Varwich

Von der Pestilentz

Johannes Varwich

Von der Pestilentz

ISBN/EAN: 9783743653481

Hergestellt in Europa, USA, Kanada, Australien, Japan

Cover: Foto ©Andreas Hilbeck / pixelio.de

Weitere Bücher finden Sie auf **www.hansebooks.com**

Von der Pe-
stilentz ein kurtz Tractetlein/
in diesem geferlichen sterblichen
zeiten/ allen stenden/wie die sein mö-
gen/ gantzs nutzlich vnd
dienstlich/

Durch Johannem Barwich/dern
Philosophien vnd Medicinen Doctorem.
Vnd itzt Köng: Mä: zu Denne-
marck etc. Bestelten
Medicum.
V. I. V.
Syrach. 38.
Der Herr lest die Artzenei aus der Er-
den wachsert/vnd ein vornufftiger/ veracht
sie nicht/ vnd er hat sülche Kunst dem
Menschen gegeben/ das er gepreiset werde/
in seinen wunderthaten/ Damit heilet er/
vnd vertreibet die schmertzen/ vnd der A-
potecker macht artzenei daraus.

Gedruckt zu Koppenhagen/durch
Matz Weingardt
1577.

Dem Durch-
leuchtigsten Grosmechtig-
sten Hochgebornen Fürsten vnd
Herrn / Herrn Frederich dem andern / zu
Dennemarcken / Norwegen / der Wenden
vnd Gotten König / Hertzogen zu Schles-
wick / Holstein / Stormarn vnd Dietmar-
schen / Graffen zu Oldenburgk
vnd Delmenhorst etc. Meinem
gnedigsten Herrn.

Vrchleuchtigster
hochgeborner Furst /
Gnedigster König /
Mein   schuldige
pflicht / vnd vnter-
thenigster gehorsam / sei E. Kög :
Maist: beuor. Weil diese betrübte
Pest / ahn auffhörent / nun etzliche
Jar an disem ort / nicht ahn merck-

A ij   lichen

lichen schaden graſſieret/ vnd ge‐
wütet/ iſt noch zuuerwunderen /
das der Gemeine man ſo gar ge‐
ring/ vnd nichtes ſulchen ſchedli‐
chen Viandt acthet. Den dieſe
zeit / die ich hie im Reich ge‐
weſen/weis ich/das viel durch die
Peſt hin geſtorben/ vnd von vns
wegkgenomen / Weinich aber die
etwas dar zu gethan/vnd gebrau‐
chet haben. Vber das leufft Je‐
derman ohn ienigen ſcheu in die
vergiffte Heuſer/ Niemandt auch
der zu vorn mith gebürlichen *Præ‐
ſeruatiuis* ſich verwaret / oder ver‐
ſorget/ Derhalben hab ich guter
Chriſtlicher wolmeinung / mei‐
nem beruff vnd ampt nach/ mich
vnternomen / dem gemeinen nutz
zum beſten/ auff das einfeltigſt
von

von der Pest/ dis klein tractetlein
zu schreiben/ damit etzliche vorneme vrsachen / sampt derselben *ex-*
amine zu erzehlen/ Auff das wil ich
etzliche Prob/ die böse lufft da bei
zu erkennen/ anzeigen/ vnd erinne-
ren: Neben dem auch gewisse zeichen der Pest/ wen einer befallen/
das er wissen müge/ ob es Pest sei/
oder nicht/ Darnach wie man die
lufft Corrigieren/ vnd den gifftti-
gen stanck vortreiben / Dar zu
was man in den Kirchen / gemeinen Drinckstuben / Companien /
Gelags heuseren etc. Vor reuchwerck gebrauchen / Zum letsten
auch/ warmith einer vor die Pest
sich beschirmen/ vnd wie die Krancken sich halten / vnd Curiren sollen. Nach dem aber dem gemei-

nen man / zu nutz vnd gute / ich
diesen Arbeidt auff mir genomen /
hab ich auch gar schlecht / vnd ein-
feltigen / das es jeder versthen / vnd
begreiffen mucht / so kurtz als ich
jmmer gekundt / dis in die Veder
genomen / verhoffe mir gentzlich /
das viele fröme Erbare Personen /
mit danckbarkeit meinen guten
willen erkennen / vnd sich den auch
zu nutz machen werden. Das ich
aber gnedichster König E. Köñg :
Maiestet disen tractat von der
Pest Zu Ehren hab zuschreiben /
vnd dedicieren wollen / hat mir E.
Köñg : Maiestet Christlichs vnd
Veterlichs hertz / damith E. Köñg :
Maistet / seine vnterthanen gar
treulich ist bewogen / angereitzet.
Den weil E. Köñg : Maistet gesehen

sehen vnd erfaren/ das an diesem
ort / das Sterbent vberhandt ge-
nomen/ hat E. König: Maistet in
seinem gantzen Reich/ das sie sul-
che straffe der Pest / Gott mith
andechtigen Gebede abflehen/ vnd
abbitten muchten/ drei tage nacheinander alle seine vnterthanen
zur Bus ermanen/ vnd ruffen las-
sen/ Vber das nun neulich/ wie die
Pest an vielen örteren dieser
Stadt / hefftiger als zuuorn/ ist
angangen/ hat E. König: Maistet seine vom Adel/ vnd die vornemen Hoffleut/ wie ein sorgfeltiger
Vatter/ als aus einem schedtlichē
feur auff eschen / vnd vordern lassen. Zum andern weil etzlicher dingen hir ein gedacht / dauon keiner
(meines wissens) zuuor je geschrei-
ben

ben/ wirt ohn zweiuel/ dis Büchlein vieler Minschen Calumnijs/
vñ losen Nachreden vnterworffen
sein/ Derhalben hoff ich/ das vmb
E: König: Maiesthets Hocheit/
vnd fürtreffentliche Autoritet
willen/ die vrefentliche Spötter/
solche vnbilliche nachrede einhal-
ten/ Vnd auch viel fromme Hertzen hie durch werden verursachet
werden/ jhre Leib vnd gesuntheit
in acht vnd wirden zu halten.
Zum dritten/ hab ich mit diesem/
mein trew vntertheniges gemüth
gegen E: König: Maiesthet/ vnd
deren getreuwen Vnterthanen/
demütigst willen anzeigen vnd
erkleren.

Vnd ob mir nun wol nicht
vnbewust/ das solchs ein schlecht
gering-

geringschetzig Büchlein E. Köng:
Maiestet viel zu gering ist / so
hoff ich dennoch / weil E. Köng:
Maiestet / vor andren mit hohen
treffentlichen Tugenden vnd gut=
tigheit von Gott dem almechtigen
begabet ist/E.Köng: Maistet wer=
den meinen getrew vnterthenigen
gehorsā/mehr/als solch ein schlecht
arbeit/ mit gnedigsten willen/vnd
wolgefallen an nemen/ vnd sich be
folen sein Lassen. Beuele E. Köng
Maiestet/sampt E. Köng Maie=
stat Liebsten gemahl / vnd den lie=
ben Jungen Freulein hiemith dem
Almechtigen / in seinen gnedigen
schutz vnd schirm/ der wolle E.
Köng Maistat/sampt ein frölichs
geluckseliges neu Jar/ friedliche ge=
luckselige regierung vorleihen /
          B   vnd

vnd allen getreven vnterthanen
auch diesem hochloblichen reich/
zum besten/ E. König: Maiestat/
lange Jar frisch vnd gesunt erhalten: Amen amen. Geben in Kop-
pnhagen Am. Neunden tage
Januarij. *Anno.* 1 5 77.

E: K: Mät:
vnterthenigster

Iohan: Varwich
Medicinæ Doctor.

Von

Von der Pest vnd iren
Vrsachen/ Das Erste
Capittel.
❧

Jesse böse gifftige kranck-
heit/wirt von allen Schriben-
ten/Alten vnd neüwen / vnter
den geschlechtē der kalten sucht
gerechnet / Darumb / das sie gemeinlich/
wie ein Febris mit hefftiger Kelte / zitern/
vnd bieben/ den Menschen angreifft/ vnd
ein nimpt/ Ob sie aber eine rechte natur-
liche franckheit/ oder aber/ einer andern
innerlichē hitzigen Kranckheit Symptoma
sei/ Item/ob sie von Colerischen feüchtich-
heiten / phlechmatischen/ oder Melancho-
lischen generiert / wirt/in diesen treten viel
mit irer Meinung von ein ander. Solche
vnd der gleichen zweispaltung/ oder supti-
len vnterrhedung / ist ahn noth hie mit
weitleufftigen argumenten / zu gedencken
oder zu vorfechten/ Hab mich auch des in
diesem kleinen tractetlein (wie dis sein sol
weil

weil es dem Gemeinen man zu nutz vnd
guten ist angefangē) nicht vorgenommen/
wils derhalben da bei genug sein/ vnd blei=
ben lassen/ Das die Pest nicht ein schlecht/
Symptoma, Sondern ein scherffe
gifftige Kranckheit/ vnd vmb vn=
ser Snnden willen ein straffe
Gottes sei/ aus böser lufft/ oder
aus faulen innerlichen feüchtichei=
ten entzundet/ oder aber durch be=
kleibung der andern vergifftigen
Menschen bekomen/ welche mit
grosse inwendige vnnaturliche
Hitze/ vnd answendigen geschwer/
den Menschen/ schnellichlichen
tödet.

Das die Sunde/nicht allein der Pest/
sondern aller Kranckheitten/ vnd auch des
Todes vornehme vrsach sei/ leret vns
durch aus die gantze heilige schrifft/ Als
balde bei dem Moyse in seinem ersten
Buch Am dritten Capittel. Item bei
dem

dem Paulo im 5. vnd 8. Capittel zu den
Romern/ vnd sünst viler wegen / zu sehen.
Weitleufftiger aber solches zu beweisen
vnd. zu erkleren/ würde mir/ als einem
Medico/ vbel abgenohmen werden/ Wil
allein der Heiden zeugnis hie bei noch an
zeigen/ welche auch gewust/ vnd erfaren/
das Gott vmb der Sunden willen / den
Menschlicken geschlecht/vielerlei straff vnd
vngluck zuschicket/ Das auch vmb eines
Menschen vbertrettung / ein gantz Landt/
vñ König reich heimgesucht/ vnd vortilget
wirt/ wie Hesiodus meldet πολλάκι καὶ
ξυμπασα πολις κακυ ανδρος εισαυρι.

Sæpe mali malefacta viri, populus
luit omnis.

Das ist/

Vmb eines Menschen Sünd vnd
schand/

Strafft Gott bisweil ein gantzes
Landt.

Dis hat Gottes volck im Hause
Israhel mit der Pest vmb ires Königs
Dauids thorheit willen/ schmecken / vnd
leiten mussen. Vnd ist der gantze stamb/

B iij   Beni

Beniamin vmb eines Menschen vnzucht/
so die Vbricheit nicht gestraffet / verulget
vnd ausgerottet.

Zum andern / das die lufft mit
gifftigen Rauch vnd dampff/ offt vergiff=
tet wirt/ ist von den Astrologis aus lan=
ger/ erfarung vnd durch fleissig auffmerck=
unge / an vielen örtern bewiesen / wie
auch sunderlich Messahala , in libro de
Reuolutionibus mundi, Cap: 22. solchs
bezeuget/ da er spricht: Scito, quod cum
fuerint malefici, Saturnus & Mars in,
signo humano coniuncti, erunt in ho=
minibus Pestilentiæ. Das ist/ Wen die bei=
den bösen Planeten ♄ & ♂ in einem
Menschlichen zeichen zuhauff sich vor
fügen / erfolget auch die Pest vnter den
Menschen. Des gleichen schreibt er auch
ihn dem 45. Cap: Scito, quod vterque
malus ♄ & ♂, cum fuerit vnus eorum,
in reuolutione anni, in angulo, & fuerit
in signis terrenis Retrogradus, significat
Pestilentiam. Gleicher weis schreibet auch
die summa Anglicana, tractatu secundo,
distinctione nona, cap : sexto.

Zum

Zum dritten / bezeugen die Historien/ wen ein Comet ist am Himmel gesehen worden/oder auch andre feurige flammen/ das gemeinlich / eine grosse Pest dar auff erfolgt ist.

Zum virten / vormelden auch die Finsternissen/ der beiden grossen himmelischen leichtern/neben andrem ungluck auch gifftige Pestilentialischen Kranckheiten/ Sunderlich wen sie ihn solchen zeichen die solches bedeuten/ gescheen.

Zum Fünfften/bezeuget die erfarung das Süden/ vnd südwesten Winde/ viele Vrsachen zu Schedlichen vnd gifftigen Kranckheiten geben/Den vntter allen winden/ kein vngesunder sein mag/ so wol vor den Beumen vnd Erdengewachs/ als vor den Menschen vnd Thiren/gleich wie disser Süden Windt.

Zum sechsten/ wen viele dunckere Tage mit bösem Dampff/ vnd stinckendem Nebel auffeinander ervolgen/ wirt die Lufft auch verfelschet.

Zum siebenden/ schreibet auch Hippocrates, Lib: de áere, aquis & locis.

Item

Item lib: tertio Aphorismorum, das das vnzeitliche gewitter / welchs nhu ein zeit langk kalt / Bald wiederumb warm / vnd so durcheinander vnbestendich ist / die Pest vorursachet. Den solch ein vnzeitlich wetter / macht die Menschliche corpora gantz vngeschckt / vnd gibt zu vielen innerlichen corruptionen grosse vrsach / Daraus dan viele böse pestilentzen / vnd andere Kranckheitten entspringen / wie den Jeder an seinem eigen Leibe / wen das gewitter so vnbestendich ist / solchs entpfindet.

Zum Achten / pfleget die Pest einzu dringen vnd zuerfolgen / wen etwa eine grosse Ertbibung an einem orth gescheen / den solche Ertbibung nicht ahn grossen bösen Rauch / vnd gifftigen gestanck abgehen.

Zum Neunten Schreibet Paulus Orosius / das ihn Aphrica / von wegen vielen Heüschrecken / vnd gewörme eine grosse Pest entstanden.

Zum Zehenden / sein die stilstheende wasser / vnd der gleichen stinckende sumpffe / (weil durch dieselbige die Lufft / vorunreiniget

niger wirt) der Pest vrsach/ Wie die jeni=
gen so bey den Rescren/ vnd grossen Wast=
serstreumen/die da aus geflossen/ vnd vber
die Teiche gelauffen sein/ wonen/ befin=
den/ vnd mit jhren grossen schaden offt
entwar werden. Denn das Korn/ Gras/
Kraudt/ da das Wasser auffgelauffen/
verderbet vnd verfaulet/ wie dem gleich
die Vische/ so mit durch rennen/ vnd
auff dem Lande beliegen bleiben/ faulen
vnd sterben/ Hirauff gern/ an solchen
örtern die Pest erfolget.

Zum Elfften/ wirt die Lufft auch
vergifftet/ wen eine grosse Sch'acht etwa
an einem ort geschehen/ vnd die Menschen
auff dem Velde bey etliche Tausenden
vnbegraben/ beliegen bleiben.

Zum Zwelfften/wen auff den Gassen
todte Schwein/ Hunde/ Katzen/ Hüner/
Gense etc. vnd wes des Gestanckes mer
sein mag/ geworffen/ vnd jederen vor die
Augen gelegt wirt/ Wie den auch das
heslich gestalt solcher todten Cörperen/ den
Menschen ein schrecken zubringet/ vnd
eine Kranckheit zufüget.
C   Zum

Zum Dreizehenden/machen auch die faulen Renstenen bösen stanck / vnd vergifften die Lufft.

Zum Vierzehenden / kumpt die Pest auch wol nach vorgehender Teure zeit/ Hunger vnd kummer der armen Leute/ welche eine zeit bisweil sat essen / vnd wol leben / darnach müssen sie hungern / vnd mancherley seltzame Speise geniesen/leben offt schlimmer vnd vnnaturlicher als Besten. Sülche grosse veranderung in Essen/ vnd Trincken/ der armen Leute / macht das jhr Leibe mit bösen Humoribus, vnd allerley vnart behafftet werden/Sein auch derhalben viel mer / den andere / so sich besser pflegen künnen / dieser Kranckheit vnterworffen.

Zum Vunffzehenden / weil Jedermennichlichen bewust / das böse faule inwendige Humores, wie die sein mügen/ auch zu der Pest / so wol als zu andern Kranckheiten vrsach geben / wil ich wissentlich / dasselbig veruber gehen / vnd verner zu den andern vrsachen tredten.

Zum

Zum Sechzehenden / wen man faule oder todte Fische / kranck Veh / als krancke Ochsen / Kelber / Schwein / Lemmer ꝛc. schlachtet / vnd zu Marckt bringet / kommen vnter den Menschen vergifftige Kranckheiten / Vnd in Pestilenschen zeiten / gewinnet die Pest / durch solche böse Ordnung / macht/ vnd nimpt vberhandt.

Zum Siebenzehenden / wen man in faulen stinckenden Wassern die Speise kochet/ kan man auch nichtes gesundes an der Speise essen.

Zum Achtzehenden/ geben vnkeusche vnd vnzüchtige Menschen / so sich mit vnreinen Personen / ohn vnterscheidt vermischen/ zu der Pest selbst grosse vrsach.

Zum Neunzehenden / die jenigen / so Tag vnd Nacht durchaus / mit fressen vnd sauffen/ zu bringen/ vnd ein verkertes Leben füren / werden zu zeiten der Pestilentz auch leichtlich entzündet / Darumb billich die Heiden / so wol als Christen/ auff das schrecklichst / die Vberflüssigket

abma-

abmalen / vnd vervolgen. Die erfarung bezeuht es auch / das druncken Menschen/ mannicherley Kranckheiten vnterworffen/ vnd sunderlich in Pestilentzischen zeiten/ wen sie mit böser Gifft vmbuangen / vnd angriffen werden/ balde hin sterben. Den jhre innerliche Krefften / so mit Wein vnd Bier vberladen / der Gifft keinen widerstandt thun künnen.

Zum Zwentzigsten / die faulen müssiggenger / so den Morgen / bis an den Mittag auff den Bedern beliegen bleiben/ nach essens widerumb auff den Bencken/ wie faule Hunde sich strecken / zu der Pest selbst vrsach geben. Denn mannicherley böse Humores wachsen/ vnd in den Menschen zunemen / wen die Glieder nicht gebraucht werden. Es fallen auch solche müssiggenger/in schwermütige gedancken/ das sie durch solchen frucht / mit jhren gedancken eine Kranckheit sich zuziehen künnen.

Zum letzten/ ist zu wissen das Frauwen vnd Junckfrauwen / welche jhre
Maen:

Maenkranckheit/ entweder zur rechten zeit nicht bekommen / oder aber / nach der gebür/ wie die Natur erfordert/ nicht haben/ mer der Pest vnterworffen sein den andere. Desgleichen auch junge Kinder / weil sie klenlicher/ weichheutiger / vnd zu vnreinen faulen feuchtigheiten geneiget sein.

Es fallen die jenigen / so ohn vrsach in den vergifften Heuseren lauffen / bey vnd mit den Krancken vmbgehen / vnd nach jhren absterben/jhre Kleider/ Betten/ Gewandt etc. gebrauchen / auch viel eh den andere in diese Kranckheit. So viel wil ich itzt von den vrsachen der Pest/ in kurtz ermanet haben / vnd weiter zu dem Examine tredten.

Examen etzlicher vornemer vr, sachen / Das ander Capittel.

Den ist angezeiget / das die erste vnd vorneme vrsach der Pest/ so wol als der andern Kranckhei-

een / die Sünde sey / Nun müssen wir je
bekennen / das wir leider alle arme elende
Sünder sein/ wie auch die Heiden etzlicher
massen solchs gefület / wie aus dem De=
mostene zu sehen / da er spricht : μηδὲν
ἁμαρθεῖν καὶ κατορθῦν, ἐςὶ θεῶν, hoc est
nihil peccare, & omnia rectè agere Deo=
rum est , als wolt er sagen / kein Mensch
ist / der nicht bisweil strauchelt oder sündi=
get. Wie Salomon auch in seinen
Sprüchen schreibet : Wer kan sagen/
Mein Hertz ist rein? Deßgleichen auch in
dem dritten Buch der Köningen am 8.
Capittel: Vnd Johannes in seinem Er=
sten Brieff am 1. Capittel. Willen der=
halben mit dem lieben Propheten vnd
König Dauid bekennen vnd sprechen:
Wer kan mercken wie offt er sündiget?
Willen auch widerumb Gott zu Fuß
fallen vnd mit jhm schreien. Verzeih
mir Herr die verborgene feile / sey mir
gnedig nach deiner güte / vnd tilge vnsere
Sünde nach deiner grossen Barmher=
tzigkeit.

Das

Das wir in kurtzen vergangen Jaren / vnd auch nun / viele anzeigung der Pestilentz aus die vermischung vnd bösen Aspecten der Planeten / Auch aus den Finsternissen der grossen Himmelschen Liechtern haben (wie auch dis itztlauffendt Jar / zwey grosse Finsternissen verhanden) Wolt ich das man die alten vnd neuwen Prognostica, sunderlich des hochgelerten Herrn Doctoris Victorini Schönefeldes/ herfür suchen / auffschlan / vnd lesen wolte/ Da wirt man vinden/ wie die Himmelsche Leichter / mit Pestilentz vnd andern vnglück vns bedreuwen. Denn so ich alle Probationes, vnd subtile Argumenten/ hie her zu bringen vor mir nemen wolle / sol dis zu lang / vnd mannichen vberdrüssig zu lesen werden.

Was den Cometen belanget/erinnere sich ein jeder der grossen wunderlichen Sternen/ so vor weinig Jaren / ein lange gute weil am Himmel gestanden / Lese auch die Schrifften/so dauon geschrieben/ in Druck auffgangen.

Ich

Ich hab nun bey drey Jaren ange=
mercket / vnd wissen auch die jenigen /
so die See gebrauchen / das der Windt
mannich mal etliche Monet nach einan=
der / nicht anders den Süden vnd Süd=
westen gewesen.

Ob wol der Nebel / vnd dergleichen
dunckere Dage / an diesen ort nicht so ge=
mein sein/ wie in dem Gebirge / im Lande
Thüringen / Meissen / Francken / Hes=
sen etc. Dennoch vallen bißweil schedt=
liche / faule Nebelen zu vns ein / vnd meh=
ren gifftige Kranckheiten.

Das dis / vnd etliche Jar nach ein=
ander/ die Lufft / vnd das gewitter/ vnbe=
stendig gewesen / beuinden wir leider
heutiges tages noch alle stunden.

An diesen ort hab ich von keine sun=
derliche Erdbebung/ noch zur zeit gehordt/
noch vernomen: Wie ich dem gleich auch
von keinen Heuschrecken weis / Was aber
allerhand Geworm vnd Vngezieffer be=
langet /. mügen sich die Einwoner selbst/
ohn mein vermanent erinnern.

Von

Von ſtilſtehenden / ſtinckenden / Sümpffen / weis ich hie nicht / Doch an etzlichen örtern gibt die See am Strande offtmals böſen geſtanck.

In vielen Jaren / halt ich nicht / das in dieſem Reich eine groſſe Veltſchlacht ſolt gehalten ſein.

Von der Vberkeit iſt an dieſen ort ſolche Ordnung gemacht / das / die jenigen / ſo darauff beſtellet / die Gaſſen / von todten Hunden / Katzen etc. rein halten ſollen / Aber dennoch wirt es von den ſelbigen beſtelten vnterweilen vergeſſen.

Ich verſeh mir auch / jeder Bürger wirt ſein Volck dar zu halten / das ſie es vor jhre Thüren / rein halten ſollen / auff das alle Gaſſen ſauber / vnd von allen ſtanck / vnd vnflath / frey bleiben mügen.

Was der Theurung angehet / beuinde ich (Gott lob) an keinen dingen mangel / Es ſey an Korn / Fleiſch / Botter / Bier etc. vnd was das mer ſein mag / das iſt hie (dem H E R R N ſey lob / preis

D   vnd

vnd Ehr dafür) alles volauff/ Wolt aber
nicht gern sagen/ das viel vnter sich selbst/
ohn noth eine Schinderey stifften. Vber
das sein an allen örtern / viel stercke moth-
willige armen / welche den Haußarmen
das Brodt aus dem Munde rauben/
Vnangesehn / das von der Vberkeit/
durch die Betler fögte / gute auffsicht
darauff gethan wirt.

Von den krancken Veh/ vnd faulen
Fischen / ob die hie zu Schrangen / oder
auff den Marck gebracht / vnd verkaufft
werden / weis ich daruber nicht zu klagen.
Gedencke auch wol / eine lobliche Vberkeit alhie / vnd an andern örtern / in wol-
bestelten Stedten/ gute acht vnd auffsicht/
auff solche vnd dergleichen Vellen / bestel-
let vnd verordnet werden haben. Auch
jhren Ernst / das solchs abgeschaffet / vnd
verhütet müge werden/ darein verwenden
vnd gebrauchen.

Gleichfals zweifel ich nicht / jeder
Haußmutter / wirt jhr Gesinde darzu
halten / das sie jhren Herrn / vnd seinen
Besten/

Geſten/ die edlen gaben Gottes/ in faulen vnreinen Waſſer nicht verderben / Sundern fein reinlich/ in friſchen Waſſer gar gekochet / zu Tiſche bringen mügen.

Fromme Chriſten/ werden ſich ſelbſt wol fürſehen / das ſie zu der Peſt / mit vnzüchtigen wandel keine vrſach geben.

Sollen ſich auch wiſſen zuuerhüten / das ſie ſolche ſtraffe/ die Gott im alten Teſtament/ vnd an vielen örten im newen Teſtament / ſolchen Schandtſecken / vnd vnzüchtigen hart dreuwet / auff jhren Hals nicht laden / noch ſich durch jhre Leichtfertigkeit/ in ſolche groſſe gefahr der Seelen / ſo wol / als des Leibes/ geben werden.

War iſt es / wie Salomon bezeuget / das ein frölich Hertz vnd frey Gemüth / viele Kranckheiten lindert / vnd vertreibet. Ob man aber die Frölikeit mit rberſlos aus den Kannen vnd Gleſeren ſuchen ſol / hab ich bey dem Salomone / noch bey andern / nicht gefunden. Das wiederſpiel bezeugen aller Schreiben=

D ij   ten

nigen / noch reuchern / auch sich selbst zu
schützen / nicht da widder einnemen oder
gebrauchen.

So wir nun dis Examen mit fleis
willen ansehen vnd erwegen / werden wir
nicht leugnen künnen / das auch deren
vrsachen etliche / bey vns mer den zu viel
verhanden vnd offenbar sein. Das man
aber gewiß erfaren vnd erkennen mag/
ob die Lufft vnrein sey / wil ich hir mit
anzeigen wie man probieren sol/ ob Pesti-
lentische Lufft verhanden.

Prob/da bey man erkennen sol/
ob die Lufft mit Pestilentzischer
gifft entzündet sey : Das
dritte Capittel.

ZV wissen ob die Lufft vergifftet / vnd mit bösen Stanck entzündet
sey/ sol man erstlich ein Glas Wein
nemen / oder rein Wasser/ stellen das bey
Nacht an die Lufft / von der Erden / das
nicht Katzen / oder ander böse Worm das
zu

zu kommen. Ists sache/ das am Morgen der Wein befleckt oder mit einer Haut vberzogen / oder sunst bunt mit vielen verben vermischet ist / wie ein Regenbogen/ solchs ist ein gewiß zeichen / das die Lufft vnrein / vnd mit Gifft entzündet ist.

Zum Andern / so das kleine Gevogel / als Schwalben / Sparling / Vincken etc. nicht gesehen noch gespüret werden. oder aber wen sie todt auff dem Velde/ Heusern / oder auff den Gassen beliegen bleiben / ist auch ein gewiß zeichen der Pestilenz.

Zum Dritten / so beide klein vnd gros Vieh ohn vnterscheidt stirbet / vnd auff dem Velde hin fället/ zeiget auch die Pestilentzische Lufft an.

Zum Vierten / so die alten / so wol als jungen / durch einander befallen / vnd mit Pestilentischer Kranckheit entzündet werden.

Zum Funfften/ wen ohn vnterscheide die reichen so wol / als die armen / an der Pest sterben / vnd auch der reichen Heuser

so wol

so wol als der armen / mit der Peſt verſucht werden.

Zum Sechſten / ſo das dünſchellich Abſt / als Epfelen / Birn / Pflaumen/ Kirſchen etc. von den Beumen abfallet/ vnd in den Heuſern balde faulet / vnd Stanck gibt.

Zum Siebenden / ſo in den Hofen vnd Baumgarten / viel Vngezieffer gefunden wirt / als da ſein Keferen / Rupfen/ Schniggen etc.

Was nun die vorneme vrſachen / der langwerigen Peſtilentz / an dieſen ort ſey/ iſt aus dem vorigen Examine, vnd angezeichten Prob ſtücken / jedern leichtlich zu ermeſſen. So man auch die Heuſer/ aus welchen nacheinander etzliche Menſchen geſtorben/ anſehen wil/ ſol man bekennen müſſen / das durch die vnachtſame / beywonung / der geſunden / bey den francken / das ſterbent bey vns ſo lang haußhelot.

In etzlichen Landen wirt/ mit angehengter Straff / durch die Vberkeit/

befolen/

befolen/das man die Heuſer/auß welchen/
an der Peſt einer geſtorben / Sechs gantz
Wochen zuhalten / vnd von Stro ein
Krentzlien gemacht / oben der Thür außs
hengen ſol. Es ſollen auch die jenigen/
ſo darein bleiben/ die zeit / aller offentliche
Gemeinſchafft (wie die ſein mag) ſich
enthalten. Mitlerweil müſſen ſie jhre
Heuſer/ mit waſchen/ keren/ reuchern etc.
auff das fleiſigſt reinigen. Darumb / das
ſie balde jhre Narung treiben / vnd in
der Gemein wider zugelaſſen mügen wers
den / ſparen ſie auch keine vnkeſten / noch
ernſt / jhre Geſuntheit / mit gute Artze=
neien zu beſchutzen / vnd der Vberkeit zu
gehorſamen.

Ob nun wol ſolche merckliche an=
zeigung / das die Lufft vergifftet ſey / hie
nicht verhanden/ Kan ich dennoch die Lufft
nicht gentzlich vor rein / vnd ohn Peſti=
lentziſchen ſtanck halten.

Denn gemeinlich / wirt man das
war befinden/ wen der Windt auß den
Süden vnd Südweſten kumpt / das den
das ſterben geſchwinder vnd hefftiger ſey/

E   als

als wen ein Norder / oder Osten Lufft vorhanden.

Zu dem sol man mercken / vnd befinden / das die Pest offt vngewis springet / aus einer Gassen in die ander / vnd dritte / Von einem ort der Stadt an den andern. Wens nun allein von bekleibung were / würde die Pest von einem Nachpar / zum andern / vnd so vort durch eine Gasse her streichen / biß an dem ende. Derhalben sol man auch vor bösen stanck vnd vergiffter Lufft sich zuuerhüten / fleis vorwenden. Welche aber/ meine treuwe Warnung verachten / vnd nicht volgen willen / mügen mit jhren Schaden / vnd Schmertzen hir nach selbst jhre Sicherheit / vnd nachläsigkeit beklagen. Denn vns die Astrologi mit mannicherley Kranckheiten/vnd Pestilentzischen Lufften diß Jahr hart bedreuwen. Der Almechtige wolle vns nicht nach vnsern verdienst/ Sondern nach seiner großen Barmhertzigkeit/ vmb seines geliebten Sons Ihesu Christi willen / mit Gnaden heimsuchen/ Amen.

Zu

Zu erkennen / wen ein

Mensch kranck wirt / ob es
Pest sey / oder nicht / Das
vierdte Capittel.

Eil an diesen ort / diese ge=
ferliche / beklebende Kranckheit /
nichts geachtet / noch gescheuwet
wirt / ist hoch nötig zu wissen / den vnter=
scheidt vnd gewisse zeichen der Pestilentz/
vnd einer andern geringschetzigen Kranck=
heit / Denn mannicher daruber betrogen
wirt / vnd vbereilet / das er meinet / es sey
etwa ein gering Fieber / vnd hat dennoch
die Pest / damit er hin stirbet / Ehe den er
rath gebrauchet. So hab ich der vrsachen
halben/ auch die warzeichen mith anzeigen
wollen / da bey jeder wissen vnd erkennen
sol/ wen er von Gott heimgesucht/ Ob es
die Pestilentz sey / oder eine ander geringe
Kranckheit/ Denn nicht alle Menschen
auff eine weise /. mith der Pest angriffen/
vnd vorgifftet werden. Vnd nach dem

E ij   ich

ich in dieser Christlichen Gemein noch ziml
lichen eifer/vnd liebe zu Gottes wort ver-
neme/ wil ich meine zeichen der Pest/ aus
dem Psalter Dauidis / so nun jedern alle
tage in die hende/vnd bekandt sein/ hie her
bringen / hoffe es werden etzliche vmb des
heiligen Propheten willen / mehr diese
schedtliche Kranckheit scheuwen vnd ver-
meiden/als wen ich aus dem Hippocrate,
oder Galeno, ihre subtilen rationes vnd
argumenta worde auffmutzen.

Der liebe König Dauid/ hat diese
schreckliche Kranckheit/ auff das hessligst/
vnd greuligst mit ihren verben abgemalet
im 91. Psalm / Als das vnter allen Pla-
gen/ vnd Kranckheiten keine so schrecklich
sey / als eben diese Pest / Darumb das
sie mit schrecken/ in der eile den Menschen
tödtet / vnd weg nimpt: Derhalben er sie
nennet Nocturnos terrores, nachtliche
fürchten / Das sie den Menschen bey
nachtlicher zeit / mit grosser forcht vnd
schrecken ankumpt / das ihn die Hahr
zu Berge steigen / alle Glieder zittern
vnd

vnd biben/Von großer außwendiger kelte/
kan er sich nicht retten'/ noch erwermen.
Derwegen das alle seine euserliche wer-
me/ dem erschrockene Hertzen zu hülffe
zukommen/innen geschlagen sein/Wallen
der vrsachen halben / die jenigen balde in
grosse vnmacht des Hertzen vnd aller
krefften/Ein in wenig stunden dahin / so
man nicht mit gute Artzeneyen das gifft
vertreibet / vnd die innerliche Glieder
stercket.

Diesen ist nutzlich vnd geraden / das
sie balde wen sie erschrocken sein/ einen
grossen trunck kaltes reines Wasser/ zu
sich nemen / oder guten frischen Wein/
oder aber den außgedruckten Safft aus
Pomeranschen / oder sunst ein ander ge-
distileret Wasser/ von Sauramffer/ Car-
debendichten / Kreßwasser etc. Auff das
das Hertz erfrischet / vnd die grosse innerliche Hitze gedempffet / vnd zu den eußze-
ren Gliederen widerumb mügen getrie-
ben werden.   Wie auch den schwangern
Frauwen/ wen sie erschrecken / dißelbich

auch geraten iſt / auff das ſie keine miß-
gebort vberkommen.   Iſts ſache das der
Menſch vermercket / er ſey zu hart mit
der Peſt angriffen / ſol er bald ein Antidotum vordern vnd einnemen/ den gifft
durch den Schweis damit außzutreiben/
wie hirnach mehr dauon ich geſchrieben.

Zum Andern/nennet Dauid die Peſt
volucres ſagittas, das ſein ſchnelle Pfei-
len/ Darumb das die Peſtilentz ſchnellig-
lichen / wie ein Pfeil aus einem Bogen/
den Menſchen auff das Leib ſcheuſt / vnd
wie ein Pfeil nicht ohn ſchaden kumpt/
alſo ſetzet ſich die Peſt mit einem geſchwel
in der Haut des Menſchen/ dringet auch
mit jhre gifft herdurch/biß ans Hertz/ So
man dem Hertzen nicht zu hülffe kumpt/
muß der Menſch des Todes ſein.

Zum Dritten / nennet der heilige
König Dauid dieſe Kranckheit / Peſtem
in caligine peruehentem. Die Peſtilentz
die im finſtern ſchleichet. Alſo kumpt dieſe
Peſt mannichen ſchleichent an / das er
nicht weinigers vermutet/als eine Kranck-
heit/ ich geſchweige eine Peſtilentz.

Dieſe

Diese klagen erstlich / das jhnen ein kleines ruttelen oder zittern angekommen/ wissen von keiner sunderlicher Hitze / werden traurig vnd schwermütig/ bekommen einen widerwillen zu der Speise / vnd begeren zu schlaffen / das sie kaum sich erweren können/ biß endtlich wen das Gifft im schlaff vberhandt gewunnen / können sie nicht mehr schlaffen / biß der Todt sie vberfallet.

Zum Vierdten/nennet vnser König die Pest / Morbum in Meridie grassantem , das ist eine Suche die im Mittag verderbet/Als wolt er sagen: Diese schreckliche Plage helt keine zeit / noch vnterscheidt der Personen / Sondern kumpt zu allen stunden/ bey Nacht vnd bey Tage / Ja auch wen der Mensch auff das sicherst ist/ Bißweil auch in seinen grössesten Ehren / in seiner besten Freude etc. wirt er von der Pest da nider geworffen.

In summa / etzliche die mith Pest vbereilet werden / fallen eilens in grosse vnmacht aller Glieder / verlieren allen

luft

luſt vnd geſchmack in Eſſen vnd Trin=
cken/werden vnluſtig/ traurig vnd ſchwer=
mütig / vnd wiſſen nicht worumb / vnd
begeren zu ſchlaffen. Etzliche befinden/das
ihn erſten am Hertzen weh vnd bang wirt/
klagen vber die Seiten / befinden groſſe
innerliche Hitze in die Bruſt / euſſerlich
aber groſſe Kelte / begeren mehr zu trin=
cken den zu eſſen. Etzliche kreigen auch
Stich im Heubt/ vnd in den Augen weh=
tage/ Vallen von groſſe Pein des Heub=
tes offtmals in Phantaſey / vnd werden
jhrer Sin beraubet. Etzliche werden auſſ=
wendigen erſten mith Geſchwer vnd Pe=
ſtilentziſchen Beulen angriffen / welchs
jhnen / wie ein Fieber mith einem Froſt
ankumpt / befinden balde groſſen ſchmer=
tzen / an dem ſelbigen ort / da ſie getrof=
fen ſein.

Wen einer dieſer zeichen eins oder
mehr an ſich befindet/ſol er nicht lang ſich
bedencken / ſondern mit dem erſten darzu
thun / vnd gebrauchen / da mith er ſich
retten vnd helffen mag. Was aber darzu
zu thun ſey/ſol er bald hirnach finden.

Was

Was die Gesunden bey den Krancken thun/ wie sie sich halten/ vnd die Pest meiden sollen/ Das fünffte. Capittel.

Er weise Salomon spricht: Qui amat periculum peribit in eo. Wer dem vnglück nachleufft/ wirt darein verderben / vnd vmbkommen. Derhalben / weil wir vor Augen sehen vnd erfaren/ das die Pest nicht schimpffet/ auch keine Protestation, noch Appellation zulest/ noch einreumet/ mag man sich wol daruber verwunderen/ das wir so verblendet / vnd sicher sein/ vnd solchen grossen schrecklichen Veindt nicht scheuwen noch vermeiden / Sondern lauffen nur ohn gedancken vnd vorwarsam zu/ in die vergifften Heuser / furchten vns auch nicht/ mit den Krancken/ nicht allein zu reden / Sondern auch zu essen/ zu trincken/ vnd jhre Kleider zu geniesen vnd

F   anzu=

anzuziehen. Sein derwegen auch nicht zubeklagen / das wir so lange Jahr nacheinander / mit der Pest geplaget/vnd angefochten werden.

Billich aber sol man sein eigen Leib vnd Gesuntheit so leichtferdig nicht in gefahr stellen. Denn ob wol das war ist / das keiner ohn Gottes verhengnus vnd willen stirbet / Dennoch wie ein vngewaffenter zu seinem gewaffenten Veindt im Krieg herfur springend baldt verletzet wirt / vnd vmbkommet / Also auch in zeiten der Pestilentz / viel eh die von der Pest werden entzündet / die bey vnd vmb den Krancken sein / vnd nichtes da wider gethan/oder eingenommen/als die zuuorn ihr Leib mit guten Artzeneien verwaret haben : Wie auch in einer offentlicher Feltschlacht / mannicher vor seiner zeit vmbkompt : Also da die Pest durch solche vnachtsamkeit vberhandt genommen/sterben viel Menschen / die durch Gottes versehung wol lenger muchten gelebet haben. Vnd widerumb / viele Menschen/ die beyzeiten den Kranckheiten begegenen/
ihr

ihr Leben offt friſten vnd erhalten / gleich wie aus dieſem Epigrammate zu verſtehen.

Mors licet æquali rapiat mortalia lege,

Sæpe tamen Medica pellitur illa manu.

Ob wol mit Todt die Menſchen alle/
Ohn vnterſcheidt nun gleich hin fallen/
Wirt dennoch mannich Menſch mit Kunſt/
Durch gute Atzeneie erhalten ſunſt.

Darumb / ſo es die nodturfft erfordert / das vnſere Freund / vnd Bludtuerwanten/ mit der Peſt befallen weren / vnd wir vmb Chriſtlicher liebe willen die nicht verlaſſen konnen / ſollen wir dennoch vmb Gottes befehl/vnſer Leib vnd Geſundtheit nicht verſchertzen / Sondern gegebene vnd nachgelaßene mittel / bey der Handt' haben / damith wir ſolchen Giffte widerſtehen mügen.

Sollen derwegen die Geſunden/ wen ſie zu den Krancken gehen willen / des Morgens nüchtern / ein wenig Theriac nemen / vngefher so viel als ein dritten theil eines Goltgülden schwer. Oder können aus den Recepten / so ich hirnach etzliche gesetzt / jhres gefallens / vnd vermügens eins erwelen/ vnd auff der Apoteken machen lassen.

R: Nucleorum iugland: numero 20.
Ficuum pinguium numero 15.
Folio:Rutæ, Summita: Abſinth.
Scabioſæ, ana, M: j.
Ariſtologiæ vtriuſque, ana 3 iiij.
R ad:Tormentillæ, Pimpinellæ.
Dictami, zedoariæ.
Gentianæ,ana 3 j. ſs.
Bacc: Lauri,Iuniperi,ana 3 ij. ſs.
Oſſis de corde Cerui,
Boli arme: præparati,
Terræ ſigilatæ, ana 3 iij.
Cinamo: Charioph:
Macis, ana 3j.
Maſticis ana, 3 ſs.
Ligni Aloes 3j.

Singula in puluerem redigantur,
Deinde addatur.

Thiriac

Theriac: an dromachi, ʒ j ß.
Aceti Rosarum, ʒ j.
Vini opt: ʒiij.
Salis communis, ʒ j.
Misce, fiat Electuarium.

Welche nicht vermügen die vnkosten auff der Apoteken zu thun/ vnd viel lieber selbst alles vor sich bereiten wollen / mügen auff volgende weiß solch ein Electuarium machen.

Nim Walnus Kernen/
Gute Veigen jder 9.
Rauten/ Wormten knöpffen/
Jeder eine kleine Handtfol/
Osterlucien/ Holwortzelen jeder 1.loth/
Lorbern/Wachandelbern/jeder 2. lot/
Mastic, Zimmetrinden/
Negelken/ Muschatblomen/
Muschatnoß/ jeder 1. Quentin/
Des besten Theriac anderthalb loth/
Rosen essig 2. loth/
Guten alten Wein so viel genug ist/
Vnd 2. loth Saltz.

Diese

Diese stück bereide nach der gebür/
vnd mach ein Latwerg daraus.

Man kan auch auff volgende weise/
mith geringer vnkosten / ein ander Latwerg bereiten / vnd des Morgens vor die
böse Lufft gebrauchen.

Nim/ Welsche Noßkernen/Veigen/
Jeder z. loth.
Wacholderbern 2. loth/
Rauten/ 1. loth.

Die Rauten sol man erst klein/mith
den Veigen schneiden : Darnach mith
Weinessig/ oder Rosenessig / durcheinander vermischen/ vnd ein loth Saltz darzu
thun : Man sol diese stück in einem Glase/
oder in einem irderen Geschir fassen/ vnd
dicht zu vermacht / hin setzen / vnd des
Morgens vngefher ein halb loth einnemen.

Confectio præseruatiua Matthioli,
pro Ferdinando, &c.
R : Cinamomi electi, Boli arme :
præpa :
Cornu cerui vsti, & in aceto Rosarum

rum præp: an: ʒ ij.

Radi: Chameleonis, Dectami albi,
Tormentillæ, Pimpenillæ,
Biſtortæ, Vincetoxici,
Scabiofæ,Boraginis, an: ʒ iſ.
Sandali omnium,an: ʒ j ſs.
Sem: Paſtinace, Citri: Acetofæ,
Aniſi, Feniculi, Ramenta Eboris,
Ligni Aloes, Nucis odoratæ,
Serici crudi,
Bacca: lauri,in aceto mace: an: ʒ j.
Oſſis de cor: Cerui, fragmenta
præciofor lapid: an: ʒ ſs.
Margaritarum Ɛ iij.
Coralli iubei ʒ ſs.
Trociſci de Campho:ʒ iiij.
Sacchari diſſoluti in aqua Rofa:
Scabiofæ, & Acetofæ ana q ſs.
Fiat Canfectio in Morſellis,
Doſis Ɛ'ij.

Weil den ſchwangern Frawen nicht
alle Recepten dienen / der Frucht halben/
vnd ſie dennoch vor böſe Lufft ſo wol/ als
andere / etwas von nöten haben / ſollen
dieſelbige aus den volgenden ſtücken eins
erwe-

erwelen nach jhren gefallen/ vnd wie oben
angezeiget/ gebrauchen.

R: Conserua Boraginis, Buglossæ,
Rosarum, Violarum, ana, ʒ j.
Spec: Diarrho: abbatis, liberantis
ana ʒ ij.
Sanda rubei, ligni aloes
Corrallorum rubeorum, ana ʒ j.
Sacchari cand: Manus Christi per-
lati, ana ʒ j.
Puluerisentur omnia, & misce-
antur, cum syrupo de Corticibus Citri:
fiat Electuarium.

Noch ein ander vor Schwangere
Frauwen.

R: Conserua florum Anthos, flo: Salui:
Betonicæ, Violiarum, Boraginis,
ana ʒ vj.
Confectionis Alchermes, ʒ iiij.
Rad: pimpenellæ conditæ, Corti:
Citri Condit: ana ʒ iiij.
Rad: Angelicæ puluerisatæ, ʒ j.
Cinamomi, Chariophilor: ana ʒ j.
Corall: rubi: Margari: præparat:
ana

ana Ɖj ſs.

Smaragdorum præparati, Ɖ ſ.

Miſceantur ſimūl, & cum Syru⸗
po Granatorum fiat Electurarium ſe⸗
cundum artem.

Aqua Theriacalis præſtantiſſima.
R: Limaturæ ligni Guaiaci, lib: j. ſs.
Corticum eiuſdem lib: j.
Macerentur hæc in Vino veteri, &
optimo, Aquæ fontis, ana lib: iiij.
Poſt dies quatuordecim adde,
Conſerua Roſar:Bugloſſæ,ana ʒ ij.
Radicum Helenii, florum Anthos,
ana ʒ j.
Theriac: Andromachi, ʒ iiij.
Cinamo: electi, ʒ vj.

Hæc iterum per 24. horas mace⸗
rentur. Deinde ex Balneo Maris, fiat
diſtillatio ſecundum artem.

Von dieſem Waſſer / ſol man alle
Abent vnd Morgen einen Leffelfol zu ſich
nemen / Denn es auch zu vielen andern
gebreſten nutzlich vnd gudt iſt / Dienet
ſunderlich alten Menſchen / ſo eine kalten
G   Ma⸗

Magen haben / Man sol nicht mehr den
einen Leffelfol zur zeit ein nemen.

Es sollen andere/ welche die Latwer=
gen nicht verdragen Können / auff der
Apoteken Sucker küchlein, machen lassen/
die vor die böese Lufft auch gut sein/ auff
volgende weise/ vnd des Morgens ein halb
Loth/ oder ein quintlein bey sich im Beütel
tragen/vnd dauon nach gefallen/essen

V: Radi: zedoari: ʒ ij.
    Enulæ campa: ʒ j.
    Spec: Triafand: Diamarg: frig:
    ana ʒ j. ſs.
    Oſſis de Corde Cerui Э ſs.
    Muſci gra: vij.
      Sacchari albiſſimi in aq: Cina=
mo: diſſolut: q: ſs. Inter conficiendum
adde olei Cinamomi ʒ j. fiant Tabulæ.

Es sollen etliche auff der Apoteken
die gemeinen Peſtikntziſchen Pillen, oder
Pillulas Ruffi vordern/ vnd in die Woche
einmal/oder zweimal gebrauchen. Diesel=
bige laſſen keine böse vnreine Humores
im Leibe wachſen / noch zunemen: Man
                      nimpt

nimpt sie des Abends vor der Malzeit eine
stunde ein / vngefehr so schwer als ein
halben Goltgülden schwer / oder Ꝺ j.

Welche keine Latwerg nützen/ noch
gebrauchen können/ auch nicht der gemel-
ten Küchlen begeren / sollen sich etwas
auff Puluers weise bereiten lassen / vnd
mit Wein/ oder Bier / des Morgens ein
halb quintlein ein nemen.

R : Rad : Angelicæ, zedoriæ, ana ʒ ſ.
Sem Citri, Acetoſæ, ana Ꝺ ij.
Cort : Mal : Citri; Raſuræ Eboris
ana Ꝺ j.
Spec : Diamarg : frigidi, Aroma :
Roſati, ana ʒ j. ſs.
Amb : Moſci, ana gran : iiij.
Sacchari Roſat : tabulati, ʒ vj.
Miſ : fiat puluis.

Noch ein Puluer.
R : Rad : Tormentillæ, Dictami albi,
ana ʒ ſ.
Sem : Acetoſæ, Citri, ana ʒ j. ſs.
Zinziberis albi : Cinamomi, Croci,
Sandali rubei, ana Ꝺ ſs.

Boli

Boli armeni, Præparati, Terræ si
gillatæ, ana ʒ j.
Manus Christi perlati : ʒ vij.
Misce, fiat puluis.

Noch ein schön Puluer / das zu andern Kranckheiten auch nutz lich vnd guth ist.

R : Aloes Epatici, ʒ vj.
Cinamo : electi, Mirrhæ ana ʒ iij.
Masticis, Chariophilorum, Macis,
Ligni Aloes, Boli Armeni præpara:
ana ʒ ſs.
Sacchari rosati tabulati ʒ ij.
Misce fiat puluis.

Es sein viel Menschen / Frauwen
vnd man / die zu den Brantenwein sich
gewennet haben/das sie (jhres bedunckens)
ohn den nicht leben mügen / Dieselben
solten lieber ein schön Aqua vitæ, von
guten Kreutern gedistileret/ dafur nemen/
oder den Brantenwein von Wacholdern
Beren bereitet/sol jhnen besser bekommen/
als der stinckende Brantenwein.

Weil

Weil man den kleinen Kinderchen
nichtes eingeben kan/ sol die Mutter/ oder
aber die Sögeamme/ alle Morgen etwas
zu sich nemen : Auch sol man Theriac in
Scabiosen Wasser soluiren/ vnd den Kinderchen damith vnter den Axelen/ vnd bey
dem Gemecht bestreichen : Auch sol man
wolriechende Kreuter in jhre Wiegen legen : Item man sol auch mit ein fein
Reuchpuluer jhre Tücher reucheren. Es
kan auch nicht schaden/ das man sie mith
halb Rosen essig/ vnd halb Rosen wasser/
vnter dem Angesicht/ weinig bestreiche.

Etzliche Kinder/ die nun grösser sein/
bekommen bißweil Worme im Leib/ von
wegen der vielen Milch / vnd weichen
Speise die sie essen/ Auch wol das sie zu
vberflüssig essen/ wen die mith Pest angriffen werden/ist jhnen gefehrlich: Denen
sol man auff den Nabel ein Pflaster
machen von Knoblauch / Aloe Epaticæ,
vnd Kinderen Gallen. Item der beste Ci-
persche/ oder der Arabiern Victrill. Item
Cornu Cerui vsti, cum Semine Santo-
nici , ist auch guth mith Milch eingegeben.

Man sol alle morgen sich gewennen/ den Leib zuerleichtern: So das von Naturen nicht geschen kan / sol man mith gute Artzeney solchs vordern/ Nemlich die Pestilentzischen Pillen / oder pillulas Ruffi, Deren sol man in die Woche ein mal oder zwey ein Scrupel / oder ein halb quintlein einnemen / des Abends ein stunde vor der Maltzeit. Dieselbige lassen keine böse vnreine Humores im Leibe wachsen noch zunemen / daraus sunst andere Kranckheiten offt entspringen/ wie oben angezeigt.

Die Armen / vnd so keine grosse vnkost zu thun vermügen/ oder nicht willen/ Sollen die Angelica Wortzel / oder sunst ein anders nemen vnd gebrauchen. Nemlich Zedoar / Wacholder Beren / Alandtwortzel / Pimpenellen / Weisen Dictam, Pomerantschen schellen : Den Pauren/ vnd so gros Arbeidt thun / ist der Knoblauch guth: Wen des Knoblauchs Tugenden vnd krefften / jederen recht bekandt were / vnd mannicher denselbigen auch zu nutzen vnd zu gebrauchen wuste / Sol

er beſſer in ehren gehalten werden als nun:
Wir ſolten vns auch vor ſeinen ſtarcken
geruch vnd ſchmach ſo nicht eckelen / noch
ſchrecken ꝛc.

Welche der oben erzelten Remedien
nicht haben können / oder nicht gebrauchen
willen / Sollen alle Morgen den letzten
ſchöſch ihres eigen Waſſers nemen / vnd
vor die böſe Lufft trincken / Viel haben
ſich in Peſtilentziſchen zeiten mith ſolchem
Tranck / von ſolchen Gifft errettet. Weil
den jeder dis Recept bey ſich hat / kan ſich
niemandt entſchuldigen / allein ſeiner
eigen Geltzigkeit / Vnachtſamkeit / vnd
Faulkeit.

Weiter / ſol man auch die Hende /
das Angeſicht / die Naßlöcher / vnd die
Ohren mith Eſſig weinig beſtreichen /
Peſtilentziſchen Eſſig / Pœonien Eſſig /
oder Roſen Eſſig. Peſtilentziſchen Eſſig
bereite alſo.

Nim Zitwer / Angelica / jeder j. loth.
Rote Roſen / ein halb loth. Negelken j.
quintlein. Dieſen Eſſig kan man zu der
Speiſe

Speiſe vnd zu Tiſch gebrauchen / Man ſol ſunſt auch ein Tüchelchen in Eſſig naß gemacht / oder auch einen Diſem Knopff vor die Naſe halten.

Item Wormten Bier/ Alandt Bier/ Salucien Bier / Betonien Bier: Oder ſunſt von andern Kreuteren bereitet / ſol man auch zu Tiſch gebrauchen. Die Reichen ſollen jhren Wein alſo mith lieblichen Kreuteren zumachen laſſen. Die Speiſe kan man auch mith lieblichen Kreuteren kochen laſſen.

Das ich nun eine Diætam hie bey verordenen ſol / acht ich vnnötig / weil ſolchs von den Gemeinen Man ſo nicht kan gehalten werden. Die Reichen aber werden auch ohn meine vermanung jhre Diætam wol zu halten wiſſen / ſo ſie wollen:

Wen man bey den Krancken kumpt/ ſol man erſtlich etwas vor dem Munde halten/ wen man in dem Gemach / da der Kranck liecht / tredten wil: Darnach ſol man bey des Krancken Bette alſo ſich ſtellen/

stellen / das man von seinem Odem nicht
beschediget werde. Sonderlich sol man
sich vor jenigen furchten warten/ vnd alle
blötige / vnd zaghafftige gedancken auß=
schlagen / vnd verhüten. Da aber aus
furcht einem etwas widerwertiges begege=
nen worde/ sol er sich vnser oben gedachten
ermanung erinderen.

Wen die Lufft sehr vergifftet / vnd
schedtlich / sol man seine Kleider verande=
ren / da mith man bey dem Krancken
gewesen: Auch sol man nicht vort / wen
man von den Krancken kumpt/ zu seinem
eigen Hause einkeren : Sondern erstlich
in die Lufft/ auff dem Wal / vor dem
Thore / oder im Garten gehen / Das
man sich erfrischen mag/ vnd die traurige
gedancken/ aus dem Hertzen schlagen.

Das Hauß aber / vnd das Gemach
da einer gestorben/ sol man / so viel müg=
lich vermeiden: Vnd sonderliche Personen
darzu halten / welche der verstorben Bet=
ten / Tücher / Kleider etc. vnd das Ge=
mach / fleisig auffheben vnd reinigen
H   sollen:

ſollen : Vber das / ſol man in den Gemechern Fehur halten vnd reuchern. Auch
einen Emmer mith Waſſer darein ſetzen/
ſo ſchlecht das Gifft ſich in dem Waſſer.
Man ſol bißweilen eine Handtfol Kopf-
ferwaſſer darein werffen : Item man kan
wol einen Veltſtein im Feur etzlich mal
glöen / vnd mith Wein Eſſig / oder mith
Roſen Eſſig abloſchen : Denn ſolcher
Dampff vertreibet den Gifft / vnd böſe
Lufft auch.

Wie fleiſſig / vnd ſorgfeltigen / der
getreuwe Gott ſein Volck / die Iſrahelÿ-
ter / vor die Auſſetzigkeit gewarnet / das
ſie nicht all durch ſolche betrübte Kranckheit verderben muchten / iſt im Alten Teſtament im dritten Buch Moiſi Leuitici
am 13. vnd 14. auffzuſchlagen / vnd zu
leſen : Vnd wir ſein ſo leichtfertig vnd
vnachtſam / das wir vnſere Geſuntheit/
vnd Leben nichtes achten vnd in den Wint
ſchlagen. Es befilt Gott am ſelbigen ort/
nicht allein das man der Krancken Klei-
der/ Tücher/ Betten etc. reinigen/ Sondern

dern das man auch jhre Heuser / so vern
das Gifft mercklichen vnd geschwind ist/
verbrennen sol.

In Italia zu Venedich / hat es sich
zugetragen / das auff einmal des verstorben Bette Tücher / vnachtsam vber das
Bette hin geworffen sein/ Darnach haben
die Einwoner das Hauß gereumet/ Nach
etzliche Monat / wie das Sterben in der
Stadt auffgehöret / sein sie wider in jhre
Behausung gezogen/ vnd dieselbige Bette
Tücher/so oben vber das Bette geworffen
waren / sein wider von dem losen faulen
Gesinde vngewaschen auffgelecht. Wie
nun vnwissentlich einer auff die Tücher
sich gelegt / Wirt balde in der Nacht von
der Pestilentz entzündet / darauff vort das
Sterben / geschwinder den zuuor in der
Stadt ist angangen. Hiraus sein die
Venediger verursachet / das sie (in dem
Hause / da einer aus gestorben) alle Bet-
ten/ Tücher / Kleider etc. wie köstlich das
auch sein mag / verbrennen / wie sie den
heutiges tages diesen gebrauch noch haben.
So solten wir auch billich / etzlicher maf-

sen / aus eines andern Vngelück das
vnsere wissen zuuerhüten.

Wen nun auch die Lufft der massen
so sehr entzündet/ vnd vngesunt were (wie
sie Gott lob an diesen ort nicht ist) vnd
das sterbent / vberall in allen Gassen ohn
zal viel Menschen erwörgete/ So ist noch
ein außerwelt / beweret / köstlich Recept
vorhanden/ welches die jenigen/ so es jhres
Amptes vnd Condition wegen gebrauchen
können/sich vnd den jren zum besten in acht
nemen vnd gebrauchen sollen. Dasselbich
Recept hat des Königs von Arabien Me-
dicus/ Rhases genandt / mith dreyn wör-
teren/außgedrucket. Nemlich/Cito: Longe: Tarde: Ein ander Poet hat dieselbige
wort mith zweyen Versen artigen kurtz
außgelecht. Also:

Hæc tria tabificam, pellunt Ad-
uerbia, Pestem,
　　Mox, longe, tarde, Cede, Rece-
de, Redi.

Auff

Auff Teutsch lauten sie so viel:
Drey köstlich stück von Pest dich freien/
Bald auff/zihe wegk/ vnd weit dauon:
Langsam kom wider / das du gedein
Magst / vnd von deinen (Freunden)
(Freud empfahn.

Wie man die böse Lufft in
den Stedten / Kirchen / Heu-
sern / vnd andern Gemecheren
vertreiben vnd Corrigie-
ren sol/Das sechste
Capittel.

❁

Jr lesen bey dem *Hippocrate,*
das zu seiner zeit/ aus Aphrica,
vnd Æthiopia, eine böse schreckliche Pest/ ihn Greciam ein gerissen/ vnd
biß zu Athen eingebrochen sey / so geschwinde / das auch die Vogel der Lufft/
nider gefallen sein/ vnd mehr plötzlich vnd
schrecklich vnrath / bey den Menschen/
vnd Viehe/ ist gesehen worden. Solchen

H iij   Gifft/

Gifft/ vnd geferliche Pest / abzuschaffen/ vnd zu vertreiben/ hat vnser Hippocrates den Atheniensibus geraten / das sie in allen Gassen / vnd auff allen örteren der Stadt sonderlich mith. dem Winde/ Freuden Fehur machen vnd anzünden sollen/ das der Windt den Rauch vnd Dampff des Feurs / vber die Stadt her füren muchte/

Solchen Radt haben die Athenienser nicht aus geschlagen / Sundern mith grossen danck angenommen / den Bürgern aufferlecht / vnd befolen / das jeder in seiner Nachbarschafft / auff eine zeit/ Holtz zu samen tragen / vnd in allen örteren Freuden Fehur anzünden solle. Wie das geschehen / hat das grosse toben vnd wüten der Pest auffgehöret / vnd sein die Athenienser also von den Schleichenden verderber / leddig vnd loß geworden / Haben dafur zur grosser Danckbarkeit / dem Hippocrate in ewiger Gedechtnis eine stadtliche Seule auffgerichtet.

Die

Die erfarung bezeugt es/ das allerley
Gestanck./ vnd böß Geruch/ von dem
Fehur verzeret/ vnd vertrieben wirt: Das
Fehur erfreuwet / vnd ergetzet auch einen
traurigen Krancken Menschen / vnd vertreibet auch sunst mannicherley böse gedancken : Vnd ein Gefangner oder der
sunst allein ist/ hat Geselschafft an dem
Fehur/ das im zeit vnd weil/nicht zu lang
wirt. Sonderlich sein die Fehur gesundt/
die von Wacholdern Holtz/Rosenmarien/
Saluvien Stauden / vnd andern wolriechenden Kreutern gemacht werden. Derhalben sol man den Kindern jhr Kurtzweil
vnd Spiel / auff den Gassen / mit solchem Freuden Fehur bißweil zu gute halten/
Doch der massen das man Schaden/ vnd
ander Vnglück/ verbieten helffe.

In Sommers zeiten/ wen es Don-
nert / vnd Blixemt/ weis man zu sagen
das solchs/ weil die Lufft da mit gerei-
get vnd gesaubert wirt / guth vnd nutzlich
sey : Was kundt den auch gleicher weiß
schaden/ das man in einer Stadt da man
vermu-

vermutet / das die Lufft vnrein vnd vergifftet sey / etzliche stück Geschütz / auff
den Ringmeuren / vnd Wellen brechte/
vnd vber die Stadt her mith dem Winde
abgehen liesse? Denn auch sunst wol ohn
jenige vergehende vrsach / das grob Geschütz versucht wirt etc.

Nicht allein das Gethon : Sondern
auch der Rauch des Puluers/ den Stanck
vnd Gifft der Pest vertreiben. Wen auch
kein groß Geschötz verhanden / sol man
jungen Bürgern vnd Gesellen solchs be-
uelen/ das sie jhre kurtzweil vnd lust / mitt
solchen Schützen gewer/ treiben müchten.
Wie/ waner / vnd welcher massen solchs
geschehen / vnd angerichtet sol werden/
wil ich der hohen Vberkeit anzuzeigen
vnd zuuerordenen beuelen. Hirauff wil
ich nun etzliche Reuchwerck / damith man
in den Kirchen / Heusern / vnd andern
örtern / die böse Lufft vertreiben sol / anzeigen.

Im Babstum / haben die Papisten
aus dem alten Testament den gebrauch
noch/

noch / das sie in der Messen / wen sie das Euangelion/ vnd in der Vesper das Magnificat singen wollen/ mith dem Wirauch Faß reuchern. Vnd ob ich wol jhren Aberglauben / vnd Abgötterey nicht rümen kan : So ist es dennoch eine feine weise / das man / in zeiten der Pestilentz/ in den Kirchen / den bösen Stanck vnd Geruch zuuertreiben / von wolriechenden Kreutern / oder Gummis , schönen vnd lieblichen Rauch machet. Denn Gott selbst (wie Moises in seinem andern Buch schreibet) lieblich Reuchwerck zu machen/ befolen hat / vnd verordenet. Darumb den der Heiligen vnd aller Gottfürchtigen gebeter in der Schrifft liebliche Reuchwerck / genennet werden. So lesen wir auch bey dem Thobia / das des jungen Thobie Gesel/ der liebe Engel Raphael/ (welcher Angelus Medicus von vielen Gelerten genennet wirt) wie Thobias seiner Braut Sara vertrauwet ist gewesen/den leidigen Haussteuffel Asmadeum, mith dem Geruch der Leberen eines Fischen vertrieben hat. Wolte Gott / das

J   wir

wir itzt noch solche Leber haben / vnd be=
kommen muchten: Denn in vielen Heuse=
ren / da derselbige Asmadeus offt noch
regieret/ wer so eine köstliche Leber / nicht
allein nutzlich / Sondern auch hoch von
nöten etc.

Weil dem also ist das der Teuffel
selbst / dem guten Geruch raum geben
vnd weichen muß / vnd die lieben Engeln
Freud / vnd gefallen daran haben: Ja
auch offentlich befinden / das solche gute
Reuchwerck den Menschen nutzlich / vnd
in Pestilentzischen zeiten hoch nötig sein.
Wer sol vns solchs verergeren / so wir in
vnsern Kirchen / Heusern / Gemeinen
Trinckstuben/ Gastheusern / Companien
etc. der gleichen Reuchwerck bestellen
liessen.

Im andern Buch Moisis / an 37.
Capittel / hat Moisis aus Gottes beuel/
ein herlich Reuch Althar / von schönen
Holtz/ eine Elle lanck vnd breit/ auch zwo
Ellen hoch / mith seinen Horneren / vnd
mith seinem Golde vberzogen / bauwen
lassen.

laſſen. Derhalben den Vorſtehern der Kirchen / den Eltermennern in gemeinen Trinckſtuben / Compamen ꝛc. vnd den frommen Haußuatern / diß Exempel bewegen/ vnd ermanen ſol/das ſie aus ſolchen gemeinen Heuſern (die ſelten ohn mannicherley ſeltzamen / Geruch ſein) mith lieblichen Reuchwerck / den Stanck mügen vertreiben.

Man kan viel vnd mannicherley Reuchwerck erdichten vnd verordenen /. deren nacheinander ich etzliche nun erzelen wil : Erſtlich aber / weil ich des gedacht/ das Gott ſich ein Reuch Althar hat bauen laſſen / auch ſelbſt vor ſich die Specereyen zum Reuchwerck verordenet / wil ich auch die erſten Reuchwerck / aus dem alten Teſtament hie anzeigen.

Der Herr redet mith Moiſe / vnd ſprach : Nim zu dir / die beſten Specerayn/ die eddelſten Myrren / vünffhundert Seckel / Des beſten aufgebiſſen Zimmetrinden/zweyhundert Seckel/ Calmiß zwehundert Seckel / Caſſien vünffhundert
Seckel/

Seckel / Oel vom Oelbaum / ein Hin:
Daraus mach ein heiliges Salboel nach
Apoteker Kunst.

Ein anders aus demselbigen dreissig-
sten Capittel. Nim zu dir Specereyen/
Balsam / Stacten / Saffran / Galba-
num/ Wirauch / jeders gleiche viel/ mach
ein Reuchwerck daraus / nach Apoteker
Kunst.

Weil aber die Gewicht zu groß hie
genommen/ vnd verornet sein / wil ich sie
ins klein Jedermenniglichen zum besten
verzeichnen.

R: Mirrhæ electæ, Caſſiæ ligneæ veræ,
ana ʒ v.
Cinamo : elect : Calam: Aromat:
ana ʒ ij. ſs.
Olei oliuarum lib: viſ.
Miſcæ fiat vngentum, ſecundum
artem.

Das ander Reuchwerck aus
der Bibelen ins
klein.

R: Bal

R : Balſami veri, euis loco Opopobal-
ſami,
Mirrhæ electæ, croci orientalis,
Galbani puri, Olibani ana ʒ j.
Pulueriſentur omnia groſſo modo,
Et fiat puluis, pro fumo.

Des gleichen kan man auff vielerley
art/ vnd weiß/ Keuchliechter : Oder aber
Keuchkůchlein : Auch wol auff Puluers
weis Keuchwerck bereiten / Es ſey von
wolriechenden Holtz/ Blumen/ Kreutern/
Samen/ Gewurtz / Gummis etc. Von
jederen ein beſunders : Oder aber man
kan etzliche zuſammen nemen / vnd zum
Keuchwerck vermiſchen.

Lingna odorata.
Sandali, Aloes,
Guaiaci, Cupreſſi,
Iuniperi Roſmarini,
Caſſiæ, Lauri &c.

Flores odorati.
Violarum, Raſarum,
Cheri, Anthos,
J iij   Sal

Saluiæ, Betonicæ
Sambuci, Croci,
Tiliĵ, Basiliconis,
Timiami , Rutæ,
Maioranæ , Melissæ,
Liliorum, Lauendulæ,
Origani, Chamomil, &c.

Der genanten Blumen / Bletter/ vnd Kreuter (wie auch alle andere Kreuter / vnd auch das grüne Gras) wen sie grün in Sommers zeiten/in den Gemechern gesprenget werden / geben auch guten Geruch/ vnd erfrischen den Menschen.

Winters zeiten kan man die besten auffgetorrete Kreuter gebrauchen.

Des gleichen auch die Wurtzelen wie diese :

Radices.

Angelicæ , Poeoniæ: Enulæ campanæ , Ireos, zedoariæ, Acori, Calam: aromatici, Galangæ, Gentianæ Chariophilatæ.

Wolriechent Gewurtz.

Cina

Cinamo: Chariophili, Macis, Nucis odorat: Galangæ, zedoariæ, Acori, vnd andere mehr oben vnter den Wurtzelen erzelet etc.

Wolriechende Samen.

Semen Nigellæ, Origani, Anifi, Feniculi, Carui, Timiami, Maioranæ, Mirtillorum, Bafilici &c.

Gummi, Benzæ Laudani, Galbani, Iuniperi, Mirrhæ, Olibani, Bdellii: Mafticis, Syracis, Stacæ, Terebintinæ, Succini, Hederæ &c.

Wer aber mith folchen fimplicibus fich nicht behelffen kan / vnd lieber andere liebliche Reuchtüchlein haben wil / mach aus den volgenden fich zum beften etwas erwelen / vnd auff der Apoteken machen laffen.

Poft Küchlein zum lieblichen Rauch.

R: Fo=

R: Foliorum Myrtillorum , Chariphi,
lorum.
Corticum Granatorum , & Aran,
tiorum.
Sandali Citrini, & albi,.ana ʒ j.
Laudam, ʒ j.
Benzonæ ʒ iiij.
Mofci, grana: ix. Therebintinæ, in
aqua Rofarum lotæ, q : fs.
Fiant Trocifci fecundum artem.

Saffrans Küchlein zum
Rauch.

R: Croci Orientalis, Cala : Aromatici,
Corticum Granatorum, Citri,
Been albi, & Rubei, Cyperi, ana ʒ ſ
Chariophilorum , Macis,
Gra : Tinctorum, ana ʒ fs.
Sandara : Laudani, ana ʒ iiij.
Mafticis, Olibani, ana ʒ ij.
Therebintinæ , aliquoties in aqua
Rofarum lotæ, q : fs.
Fiant Trocifci fecundum artem.

Noch

Noch andere Küchlein / Viol
Küchlein genant.

R : Rad : Ireos ʒ ij.
    Ligni Aloes, Iuniperi,
    Succini orientalis, Stiracis calamitæ,
    Sandaracæ, Asse dulcis, ana ʒ ʒ.
    Mosci grana : xii. Ambræ gran : iij.
    Therebintinæ lotæ in aqua Rosa-
    rum, q : ſs.
    Fiant Trocisci secundum artem.

    Man hat auch auff der Apoteken
Peſtilentziſche Liechter / die auch auff die
weiſe gemacht werden / das ſie lieblichen
Rauch geben ſollen : Auch kan man ſchö-
ne herliche Puluer zurichten / die auch zu
zeiten der Peſtilentz zugebrauchen ſein auff
volgende weiſe.

R : Roſarum Rubearum, Violarum,
    ana ʒ j.
    Corticum Citri, Mirtillo:lig : Aloes,
    Sandali Citri, ana ʒ ij.

Camphora, Ambræ, ana Ә ј. ſs.
Moſci grana ix, Miſce , fiat puluis.

Noch ein Puluer.

R : Aliptæ,Moſca : ʒ ij.Benzoæ, ʒ ј. ſs,
Storacis Calamitæ, Sandali citrini,
ana Ә ј.
Lig : Aloes, Chariophil : ʒ ſs,
Nucis odoratæ , Cinamo : elect;
ana ʒ ј.
Maſticis , Olibani ana ʒ ij. Miſce
fiat Puluis,

Den Armen geringen Leuten / wil ich noch zwein ſchlechte Puluer zum beſten hie anzeigen.

Das Erſte gering Pul-
uer.

R : Radicum Ireos, ʒ ј. Angelicæ ʒ iiij.
Maioranæ, Mentæ, miliſſæ,
Timiami,floru : lauendulæ,ana ʒ iij.
Baccarum lauri, Iuniperi ana ʒ iiij,
Miſce fiat puluis,

Das

Das Ander ſchlecht
Puluer.

R ꞁ Olibani, ℥ j. Ligni Iuniperi,
Succini alb ꞁ ana ℥ ſs.
Cipreſſi, Pulegii Meliſſæ ana ʒ ij.
Florum Lauendulæ ꞁ ʒ j.
Miſcæ fiat puluis.

Ein Wolriechendt
Waſſer.

R ꞁ Spicæ nard ꞁ Rad ꞁ Ireos,
Zedoariæ Angel ꞁ ana ℥ ij.
Enulæ Campanæ, Benzoæ, Cinam꞉
Chariophi꞉ Nucis odoratæ, ana ʒ iij.
Bacca ꞁ Lauri, Gran ꞁ Iuniperi,
ana ʒ ij꞉
Maſticis, Olibani, Mirrhæ, ana ʒ iij.
Comphoræ, ʒ j.

Dieſe Species/vnd Kreuter/ſol man
vermiſchen/vnd gediſtikeret Roſen Waſſer
daruber gieſſen / vnd vierzehen Tage hin
ſetzen zu Digeriren ꞉ Darnach ſol man es
ex Balneo Maris vber ziehen / vnd am
　　　　Schna꞊

Schnabel des Helms ein wenig Mosci,
vnd Ambræ an hengen/ Diß setze hin im
Glase/vnd nach der Nodtorfft gebrauch es.

Ein Puluer das man bey den
Kleideren vnd Linnegewandt in
den Kasten legen
fan.

R : Flo : Violarum, Rosarum, Spicæ
nardi, Lauendulæ,
Cheri, ana M : j.
Melissæ, Basiliconis, Maioranæ,
Mente crispæ, ana pug : ij.
Been albi, & rub : ana ʒ j.
Sem : Citri, Nigellæ, ana Э ij. ſs.
Ligni aloes, Chariophilor : ana Э ij.
Rad : Ireos, Assæ dulcis, ana ʒ iiij.
Mosci gra : ix, Ambræ gra : iij.
Grosso modo contundantur & fiat
Puluis.

Aus den oben erzelten speciebus, oder
compositionibus, kan jeder dergeleichen
Puluer zu den Kleidern vor sich machen.
Weil aber auch gebreuchlich / das man in
den

den Henden solche wolriechende Matereien / bey sich in Peſtilentziſchen zeiten tregt / wil ich auch mith kurtzen etliche anzeigen..

Ein *Pomum Ambræ* Winters zeiten bey sich zu tragen.

R : Styracis Calamita, Maſticit ana ʒ iʃ
Laudani, ʒ iiij. Chariophilorum.
Nucis odoratæ, ligni aloes, Croci,
Gra : Tinctorum , Opobalſami,
ana ℈ j. ſs.
Ambræ, Moſci, in vino odorato,
Vel aqua Roſarun diſſoluti , ana
grana vij.
Gummi Tragg : q : ſs.
Formetur Pomum , ſecundum artem.

Noch ein *Pomum* etwas schlichter.

R : Foliorum Rutæ ℈ ij. Maiora : ℈ j.
Roſarum rubearum, ℈ j.

K iij   Radi :

Radi : Aangelicæ, Styra :
Laudani puri, ana ʒ j.
Campho : Ligni Aloes, ana gra: iiij.
Gummi Ceraſ : vel Ceræ albæ in
aqua Roſarum lotæ q : ſs.
Fiat pomum lege artis.

Noch eins vor geringen Leuten.

R : Rutæ recentis, M : j. Stoß
mit Roſen Eſſig / vnd drucke den Safft
aus : Darnach nim ein ſtück von einen
Schwamme / vnd mach den Schwam
darein naß / denſelbigen ſol man in ein
Höltzeren Knöpchen von Wacholdern
Holtz gedreiet / legen / vnd gebrauchen.

Ein Pomum Ambræ in Sommers zeiten/ zugebrauchen.

R : Rad : Ireos florent : ʒ j. ſs.
Cyperi, florum Roſarum , Succini
Orientalis, ana ℈ ij.
Ligni Aloes, Moſci ana gran : vij.

Cam

Camphoræ, granna iij.
Gummi Tragaganthi in aqua
Rosarum dissoluti q : ss.
Fiat pomum.

Rosen Essig / oder Fleder Essig / in
einem Schwam gethan / ist auch Som=
mers zeiten guth bey sich zutragen.

Wie sich die Krancken hal=
ten sollen / Das sieben=
de Capittel.

ES schreibet der Heidensche
Poet Ouidius also :
Principiis obsta, Sero Medicina
paratur,
Cum mala per longas inualue=
re vires.

Das ist : Man sol bald im anfang/
der Kranckheit begegenen / sunst wen die
Kranckheit vberhandt gewunnen / so ist
es zu specot.

-Das

Das ist eine grosse Sicherheit / vnd Vnuerstendigkeit vieler Menschen / das sie nicht allein zu mannicherley Leibes Schwacheiten / vnd Kranckheiten / selbst vrsach geben : Sondern auch wen sie von Gott / mith Kranckheiten heimgesucht werden / das sie den solchs so gar nichtes / vnd gering schetzen / Auch nicht jhre eigene Noth / vnd Gefahr / wissen / noch erkennen wollen / Verhoffen stedes von einem Tage / zu dem andern besserung / biß so lange / das die Natur schir von der Kranckheit oberwunden / hin fallen muß / vnd sterben.

Sonderlich ist solche Sicherheit / vnd vnachtsamkeit in Pestilentzischen zeiten / sehr geferlich vnd schedlich : Denn die Pest balde im ersten anlauff alle innerliche Krefften / Die lebendige Geister des Hertzens / vnd auch das Geblüth / geschwinde ein nimpt / vnd mith gewaldt obereilet / vnd bestormet. Erhebet sich also zwischen der Naturen / vnd Kranckheit / ein hefftiger Streidt vnd Kampff : Vnd

wen

wen in solchem Stridt binnen inwendig
zwelff stunden / mehr oder weiniger der
Natur keine entsetzung / oder zuuerlassige
hülff verschaffet wirt/ Zieget die Kranckheit ob der Naturen / vnd gereichet mehr
zum Todte/ den zu der Gesundtheit/ keine
veranderung zum besten/ auch keine rechtschaffene Digestion / in dieser Kranckheit
zuuerhoffen/ noch zugewarten. Derhalben
auch solche Remedien vnd Recepten von
nöten sein/ welche widerumb schnelliglich-
en solchen bösen Tirannen / vnd stolzen
Veindt / mith stercker Rustung abbruch
thun/ vnd den Gifft vertreiben können.

Aber gleich wie mannicher junger vn-
erfarner Krigßman (den erfarnen ist diß
nicht gesaget)zu Roß/oder zu Fuß/offt die
schöneste Gewer/ vnd Waffen / auch ander auserlesen Geschmuck/Zeuch/vnd Rustung haben wil/ Vnd wen es ans treffen
gehet/braucht er die selbigen offt zu seinem
eigen grossem Vngelück/ Schaden/ vnd
verderb/Wie jene sicher/vnd vnachsam in
sterblichen zeiten sein: Werden widerumb

viel

viel gefunden / welche alzu forchfeltig fein/
vnd in sterbens zeiten / mith gute herliche
Artzeney / sich versorgen. Wen sie aber
mith der Pestilentz beschleichet werden/
greiffen sie bald vmb sich nach jhrer
Wer/damith sie die gifftige Pfeile der Pe=
stilentz abzuschlagen vnd zu vertreiben ver=
hoffen. Thun entweder zu viel / oder zu
weinig: Auch wen die Artzeney im an=
fang nicht helffen wil / bald moß ein an=
ders heruor / Darnach vmb eine kleine
weil moß das dritte Recept / oder aber
das erste widerumb her halten / vnd das
beste thun. Das mannicher also mich
solcher vnbestendigkeit / da er meinet sich
zu vordern vnd zu helffen / sich am ersten
den grössesten schaden thut / vnd wirt jhe
lenger / jhe erger / vnd böser mith jhm.
Derhalben wil ich kurtzlich nacheinander
anzeigen.

Erstlich die gute / vnd böse Zeichen
der Pestilentz.

Darnach wes der Patient sich erin=
dern/ vnd zum ersten thun sol.

Zum Dritten / was er vor die Pest gebrauchen / wie viel er nemen / vnd wie er sich mith dem verhalten sol.

Zum Vierdten / von Aderlassen ein klein bericht / vnd was man die ander volgende Tage thun sol.

Zum Fünfften / wie man etzlichen bösen zufellen begegenen sol.

Zum Sechsten / wie man sich mith den außwendigen Beulen verhalten / vnd wie man sie Curiren sol.

Zum Siebenden / wen alle Recepten aus vnd nicht sein (Den kein Artzeney / auch von den vppersten vnd vornemsten Doctoribus, biß zu dieser zeit / nie gefunden ist / welche den Todt zu vertreiben / die geringeste Krafft erzeiget hette) woran sich der Krancke halten / vnd weß er sich trösten sol : Auff das er gleichwol ohn gute zuuerlasige Artzeney nicht beliegen bleibe.

Mith diesen Sieben stücken / wil ich in Gottes namen / diß Siebende Capittel / vnd auch diß klein Büchlein beschliessen / vnd endigen / Gott helffe weiter.

L ij   Oben

Ven hab ich ins Gemein etzliche Zeichen vermeldet/ wie man die Pestilentz an den Menschen erkennen sol: Itzundt aber / wil ich hie in Specie / beide der Guten / vnd auch der Bösen Zeichen vnterscheidt anzeigen/auff das der Krancke so wol / als die bey jhm sein / hiemith gewarnet müge werden/ vnd hirnach sich zu richten wissen.

Böse Zeichen.

1. Wen der Krancke im anfang von grosser Kelte / sich nicht erwermen / vnd darnach vor glöende Hitze / sich nicht erretten mach / auch wen diese beide einem lang anhangen.

2. Wen einem nicht auffgeschlagen ist/ vnd darzu allen lusten in Essen vnd Trincken verloren hat / vnd keine Speise bey sich behalten kan.

3. Wen einer die Artzeney zum anderen / vnd dritten mahl / wider vbergibt/ Oder / nach der genommen Artzedey zu schwitzen nicht kommen kan.

4. Wen

4. Wen die Beulen weis sein / vnd balde wider ein schlagen / oder aber / wen sie Schwartz/ Bleiferbich erscheinen/ vnd zu keiner Materi sich geben wollen / oder inwendigen wie ein verbranter Schwam sehen.

5. Wen die Vernunfft abnimpt / vnd der Kranck viel wandern wil / vnd mit den Augen starret/ vnd gestreng aus sicht/ vnd mith den Henden seltzam Arbeidt vor nimpt.

6. Wen der Krancke alzugeraten / stinckenden/ Schwartzen/ Stulgang hat/ Oder wen er gar verstopffet ist.

7. Wen das Wasser Rot/ Schwartz/ Bleyferbich/ Braun reth / mith viele böse Materie stedes bleibet.

Gute Zeichen.

1. Wen die Kranckheit mith einem kleinen Frost ankumpt / vnd in der Hitze von sich selbst schwitzet / außgenommen der kalte Schweis / der von Amacht kumpt.

2 Wen

2. Wen der Patient bald auſſchlecht/ vnd ein oder mehr Trüſen bekumpt/ vnd zu Eſſen/ vnd Trincken/ natürliche begierde behelt/Außbeſcheiden den Tranck von groſſer vnnaturlicher Hitze.

3. Wen die Artzeney bey den Krancken bleibet/ vnd was ſie thun ſol/ außrichtet/ mith Schwitzen/ erfriſchen/ vnd bekreff₊ tigung.

4. Wen die Beulen Roth/ Schwartz/ oder Blaw/ bald reiff werden/ vnd aus fallen/ oder ſunſt zu der dracht ſich leicht₊ lich ſtellen.

5. Wen der Krancke fein ſtil geduldig/ vnd rugſam iſt/ vnd bey guter Vernufft bleibet/ auch nach den Schlaff ſich wol empfindet.

6. Wen der Krancke alle Tage Na₊ türlichen Stulganck hat/ ohn böſe ver₊ brente Materie.

7. Wen das Waſſer im erſten Roth erſcheinet/ mith einem Weißlafftigen Wolcklein/ vnd darnach zu der Gele ſich verandert.

Zum

Zum Andern/ wes der Patient
sich erinderen sol.

WEn der Kranck eins / oder mehr Zeichen der Pestilentz an sich befindet / sol er sich als bald erinderen / das er von Gott vmb seiner Sünden willen/ heimgesucht wirt. Derhalben er auch zum ersten/ zu diesem höchsten Artzten / sich stellen vnd verfügen sol. Im seine Schwacheit / vnd faule Pestilentzischen Beulen / der Sünden / eroffenen/ vnd bekennen. Darzu gewisse Artzeney / durch sein Wort / vnd hochwirtige Sacramenten / von jhm begeren / vnd fordern: Auff das der grösseste / vnd grosbeste Vnflath zuuor mag gereiniget / vnd abgewaschen werden / Welchs den auch hoch von nöten / sol dem Leibe geholffen werden. Der aber kein Sünder ist / hat diß nicht von nöten / Sondern mag mith Gott expostulieren / worumb er jhn mith solch eine scharffe Rute streichet.

Zum

Zum Dritten/was der Patient
gebrauchen/ vnd wie er sich
halten sol.

DER Krancke sol darnach binnen Sechs stunden/ oder zum höchsten/ innerhalb zwelff stunden/ ein bewertes Antidotum, auff der Apoteken vordern lassen/ vnd nach gelegenheit/ wie es die Nodtorfft erfordert/ ein nemen. Denn nicht alle Antidota, welche wider die Pestilentz verordnet sein/ im gleichen Gewichte / auch nicht von jedern sollen genützet werden. Derhalben wil ich/ nicht allein etzliche bewerte vnd außerlesene stück wider die Pestilentz anzeigen vnd verordenen / Sondern auch bey jederen meinen bericht thun / wie offt / vnd wie viel man zu einer zeit einnemen sol / vnd welchen Leuten solche Artzeney nicht gantz dienstlich/ noch geraten.

Es haben die Alten/ den Edlen/ schönen / vnd köstlichen Theriacam Andromachi in diesem val vor die allerbeste/ vnd krefftigste Artzeney gebrauchet : Vnd ist
auch

auch wol das vornemste stück / vnd die edelste Medicin/die man in allen gifftigen Kranckheiten (der Pestilentz / oder andern bösen Vergifft) wen sie von auffrichtigen außerlesenen /guten Speciebus, vnd Materien Dispenseret/ vnd zugemacht wirt/ wol betrauwen mag. Wie den in etzlichen Stedten / dieser gebrauch gehalten wirt/ das der Apoteker / nicht allein den Theriacam : Sondern auch alle andere Compositiones,wie die sein mügen/ nicht darff zumachen vnd bereiten / Es haben den zuuorn etzliche Medici / alles visiteret, besichtiget vnd wol examiniret, das keine vnrechte / alte / verlegene Species (da mith solche Compositiones, vnuerfelschet jedermenniglichen zum besten sein mügen) darzu genommen werden.

Wen man solch einen guten Theriacam haben kan / wolt ich einem der die Pest hette/darzu am meisten raten. Dieses mag einer / der vber Zwentzig Jaren ist/ wol ein quintlein ein nemen / auch wol drey Schrupel / darnach die Kranckheit

M   gros/

gros/vnd der Leib starck ist. Gar alte Personen (die vber Vier vnd Sechtzig Jaren sein) sollen nur zwen Schrupel ein nemen/ des geleichen auch die von Zehen vnd Zwelff Jaren. Den Kinderen von Sechs Jaren/ sol man nur ein ℈ eingeben.

Schwangere Frauwen sollen sich mith einem erfarnen Artzten erst beradtschlagen / ob sie von diesen / oder andern antidotis nemen mügen. Die auch vol vngesunder Feuchtigkeit sein / oder sunst auch einen bösen Magen mith vberflüssiger Speise / Tranck / oder was des mehr sein mag / beladen haben / sollen erstlich eine Purgation nemen / welche beide den Gifft / vnd auch die böse Humores erst mügen aus treiben/ Sunst ist dieser Theriac denen mehr schedlich/als nutzlich.

Sollen derhalben die selbige bald im anfang jhrer Kranckheit eine vnciam Catholici Fernellij mith ʒ iiij.Cardebendicten Wasser / vnd Vünff Tropffen Cancel Olie / soluceret / warm ein nemen :

So

So villeicht etzliche Apoteker dieſelbige deſcription nicht hetten / wil ich ſie
hir zuſetzen / das man ſie zum vorrath
bereiten mag.

Catholicon ſimplex Fer-
neliſ.

R : Rad: Helenii, Bugloſſi, Cicho-
rei, Althe, polipodii quercini, ſemi-
nis Cinci contuſorum ana ℥ iſ.
Stæchados, Hyſopi, Meliſſæ, Eupa-
torii veri, Aſplenii, Betonicæ, Ar-
themiſiæ, ana, M : iſ.
Vuarum paſſarum expurgatarum
℥ iiiſ.
Quatuor ſeminum frig: ma: Se:
Aniſi, Glyſerhiſæ ana ʒ iiiſ.
  Coquantur omnia ex arte in lib:x.
Hydromelit, dum vij ſuperſint. In
colato iure, macera horis duodecim,
foliorum Sennæ mundatorum, lib: j.ſs.
Agarici albi lib: ſs. Zinziberis ℥ j.
  Aliquantulum bulliant, & in ex-
preſſo liquore diſſolue, pulpæ myzario-
rum lib : ſs.

Foliorum Sennæ mundatorum,
tenuiſſime tritorum ℥ iiij.

Syrupi infuſionis roſarum Prouin,
cialium, vel pallidarum lib : j.

Mellis optimi expumati lib : ij.Per,
coquantur igne lento, in Mellis, tempe,
raturam, inſpergendo ſub ſinem Rha,
barbari electi, Cinamomi electi, ana ℥ j,
Sandali citrini ℥ ſs, Nucis Moſcatæ ʒ ij.

Catholicon maius Fernelii.

R : Quatuor ſeminum frigidorum
maiorum mundatorum , Seminis
papaueris albi ana ʒ j.
Tragacanth, ʒ iij.
Raſarum Rubearum, Santali
Citrini, Cinamomi ana ʒ ij.
Zinziberis albi, ʒ j.
Rabarbari electi,diagrid : an: ʒ iiij,
Agarici leuiſſimi, Turpethi optimi,
ana ʒ vj.
Sacchari albi ſoluti in aqua Roſa,
rum, in qua ℥ ij. Foliorum Senne
iniectæ ſint lib : j,

Cor

Concinnentur tabellæ ponderis ʒiij.
Dosis tabella vna, vel ʒ ij. aut tres ad
summum ʒ iiij.

Wem diese Küchlein zu Essen / zu
widern sein / mach sie mith ein Brölein/
oder mith warmen Bier / oder mith Scabiosen Wasser / soluiren vnd im drunck
ein drincken. Diese Purgationes sein ohn
Gefahr ein zu geben / Kindern / Alten/
vnd Schwangern Frauwen.

Die extracta Rhabarbari, Agaric,
oder Hellebori nigri , sein auch guth/
wen man so eins bekommen kan : Das
Arcanum Tartari, sols auch thun / aber
ob ichs wol gemacht / hab ich dennoch zu
dieser zeit das nicht versucht etc.

Wen so ein erlinderung des Leibes/
den jenigen die es von nöten haben (sunst
sol man vort den Schweis tranck geben)
bald im anfang geben wirt / vnd sie ihre
Wirkung in zehen oder zwelff stunden/
außgerichtet hat / mag man darnach solch
einen Schweis trunck / von den besten

M iij   The-

Theriac / oder von einem andern bewer=
ten stück/ das wider die Pest ordinieret ist/
eingeben / In dem Gewicht / wie oben
angezeiget / Mith Cardebenedicten Was=
ser (vel cum aqua Acetosæ, Cinamo=
mi, Scabiosæ, oder sunst / was man ha=
ben kan etc.

Sechs stunden darnach / wen der
Patient ein Laxatiuum eingenommen/
sol man auch widerumb ein sterckung in
der Küchen / oder in der Apoteken zuge=
richtet/ jhm geben/ Allein das er dardurch
weinig erquicket werde : Darnach / sol
man jhm den Schweis trunck mittheilen/
vnangesehen / das viel sagen / Duæ pur=
gationes eodem tempore , periculosæ,
Den solche Schweis trunck/die der massen
einem Menschen zu helffen / vnd von dem
Gifft zu retten / Zwelff stunden nach der
Purgation / geben werden/ mehr stercken/
vnd der Naturen wider den Gifft zu hülffe
kommen / den das sie Schaden thun
sollen.

Denn

Denn gleich wie die Natur von dem Gifft beschweret / vnd vntertrucket wirt/ das der Mensch von allen seinen Krefften derwegen hin fallet. Also wirt die Natur von wegen des Antidoti wider mütig/ frisch vnd sterck/ kempffet mit der Kranckheit / vnd behelt letzlich das Velt / vnd Triumphiret.

Vnd diß ist mein Confortatiuum, welchs ich nun etzliche Jar her / mehr den etzliche Tausentmal / bey meinen Patienten (durch Gottes gnade) glückhafftigen gebraucht hab / bey denen (sag ich) da solchs die Nodtorfft erfordert / hab ich nach der Purgation einen guten Theriacam eingeben.

Wen man nun solch einen guten Schweis trunck eingenommen / sol man so viel müglich / stil halten / vnd zu schwitzen sich fordern : Kan man nicht leichtlich schwitzen / sol man den Schweis / mit heisse Tücher/oder mit warme Zigelstein/ oder mith einer Blasen vol heisses Wassers etc. befordern helffen / Darnach sol man

man den Schweis fein seuberlich mith
warme Tücher abreiben / vnd reinliche
frische Kleider anzihen / Die andere vn-
reine/ vnd jtzt gebrauchte Tücher/ vnd das
Leinegewandt / sol man in der Laugen
werffen/ vnd darnach außwaschen etc.

Nach dem Schweis sol der Patient/
mith guter wolgekochter Speise / nach
seinen Lusten / Wolgefallen/ vnd vormü-
gen/ sich erfrischen/ vnd wider erneuweren/
Vberflüssigkeit aber mith fleis vermeiten.
Sol sich also darauff fein zu ruge geben.

Nach dem aber viele Apoteker / den
schönen herlichen; Theriacam Andromachi selbst nicht machen / Sondern denselbigen aus andern frembden Landen/ der
von vnbekanten Apotekeren Dispensiret/
vnd zugerichtet ist / verschreiben / oder
selbst holen (wil aber keines trewen
Christlichen Apotekers Compositiones
hie mith nicht verwerffen/noch verachten)
wissen aber nicht / wie jhm zuuertrau-
wen/ weil offt/ vnd mannichmal / solcher
Theriac/ in Krefften/ vnd guten Tugen-
den/

den/ so nicht befunden wirt / wie er billich
sein sol / werden viele Doctores verur=
sachet / das sie selbst auff jhren Apotcken/
eigene Compositiones, vnd Antidota,
wider solchen Gifft der Pestilentz veror=
denen müssen.

Also haben hie zu Kopffenhagen/
die hochgelerten / vnd berümpten Herrn
Doctores, Doctor Petrus Seuerinus,
vnd Doctor Iohannes Pratensis &c.
Seliger gedechtnuß / auff der Apotecken/
ein schön beweret Alexiterion ordineret/
welchs viel Menschen mith scheinbarliche
hülff gebrauchet haben.

Deß gleichen auch der hochgelerter
vnd Achtparer Herr / Doctor Iohannes
Francifcus, zwey gute Electuaria contra
Pestem, hie verordineret hat. Eins vor
die Reichen / welchs Electuarium præ=
ciofum genennet wirt / vnd eins vor die
geringen / das Electuarium pro familia
heiffet. Diese beide sein vor zehen Jaren
im gebrauch gewesen / vnd werden alle
Tage noch mith gelücklichen Gottes Se=
gen genutzet vnd gebrauchet.

N   Es

Es hat auch der hochgelerter Petrus Matthiolus diß volgende Recept im gebrauch gehabt / welchs viele Balbierer jhren Patienten gern geben. Ist auch wol starcken Menschen / die einen Puff außstehen können / ohn Gefahr ein zu geben/ doch mith guter auffsicht / So das geschicht / ist innerhalb drey stunden / alle Gefahr voruber.

R : Antimonii clarificati gra : v.
Confer:florum Boraginis ʒ ij.
Spe : liberantis Э ſs. Maſticis gra: v.
Miſcæ fiant Bolus.

Wen ich aber das vitrum Antimonii eingeben ſol / wolt ichs auff dieſe weiſe machen:
R : Vitri Antimonii gra : vij. Aqua Cinamomi, vel vini odorati, ʒ vj. infundantur,& Bulliant ad conſumptionem ʒ ij. Deinde fiat Colatura, ne vitri ſubſtantia ſimul tranſeat, In hac colatura diſſolue Syrupi Granatorum ʒ ſs. Spe : liberantis Э ſs. Maſticis gra : v. Olei Chario:: gra: iij. Miſce fia:hauſtus.

Viel

Viel lieber wolt ich das oleum Antimonii non corrosiuum, oder veram tincturam: Vel flores Antimonii correctos, gebrauchen.

Den geringen vnd schlechten Leuten hab ich noch ein Recept hir bey ordenieren willen / welchs sie in zeit der Noth (wie volget) von der Apoteken vordern sollen / vnd gebrauchen.

R : florum Cheri ordinat noftri:ʒj. Mirrhæ electæ Э j. Croci orient : gra : iij. Misce fiat puluis.

Diß Puluer sol man zuhauff mith warmen Wein oder Bier vermischen/ vnd ein nemen / damith sich hin legen vnd wol schwitzen.

Es haben die Armen noch ein Electuarium oder Theriacam vor die Pestilentz auff der Apoteken / wirt genennet Theriaca Diatesseron, den Jungen vnd gar Alten Menschen / sol man dieses ein quintlein mith Wein / oder mith Cardebendicten Wasser eingeben. Den starcken/ vnd mittelmessigen / mag man wol zwo

quint

quintein eingeben / Mith diesen sol man sich eben so halten / wie oben angezeiget ist.

Welche aber von den Alchumisten haben können / oder aber / zu bereiten bestellen wollen / das Aurum Potabile artificale : Oder / Aurum Potabile verum, Deß gleichen das Edele Oleum Vitrioli dulce, sollen das so wol pro Medicamento Curatiuo, als pro præseruatiuo ohn Gefahr gebrauchen / Wer aber den gebrauch dieser Medicamenten nicht weiß / sol sich mith den Künstenern erst recht wol befragen / das er (sich zum Schaden) solche starcke vnd köstliche Artzeney nicht ein neme.

Zum Vierdten / ein klein vnterricht von Aderlassen / vnd was man die andere volgende Tage thun sol :

On den Aderlassen / het ich wol vrsach itzundt weitleufftiger zu schreiben / Denn mir biß zu dieser
zeit

zeit keiner noch vorkommen/ der in sachen
der Pestilentz genugsame vnterricht dauon
solte gethan haben. Aber weil diß klein
Büchlein / keine grosse Tractation , von
jenigen Puncten zu letzt / vnd ich jtzundt
kein behilff von Bücher (weil meine
Bücher noch zur zeit in Teusch Landt
sein) die ich hiruber auffschlagen/ Consu-
leren , vnd durchlesen muchte / bey mir
hab/ wil ich allein kurtzlich mein bedencken
jedermenniglichen vorgeben / vnd dem
Gemeinen Man zum besten/ nach meiner
einfalt/ einen kleinen vnterricht vor stellen/
Biß auff ein ander zeit / wen ich besser
weil / vnd gelegenheit darzu bekommen
kan / wolt ich / nicht allein von diesem
stück / sondern auch noch etzliche andere
puncta , klerer / meliori forma & alia
lingua , pro ingenioli mei mediocritate,
gern aus legen/ vnd an Tag bringen.

Das ich aber der anderen Schriben-
ten / Meinnung hie nicht volge / hat
mir / der hochgelerter vnd erfarner Herr/
Doctor Iohannes Franciscus vrsach ge-

geben.

geben. Denn wie ich schir mit den andern/ in diesem stück geirret hette/ hat er mich freundtlich ermanet/ das ich diesem nach= dencken/ vnd mich besser erindern sol.

Dieweil den zu den Krancken/ die Ader zueroffnen/ die Balbierer am ersten geruffen werden/ sollen sie nicht leichtfer= tig/ auff des Krancken/ oder der Freun= den begeren/ die Ader schlagen/ Sondern/ diese drey stück in Gedechtnus/ vnd vor Augen halten.

Erstlich wen der Kranck zuuor ein Antidoton genommen/ vnd jhm gar nichtes außgeschlagen/ sein Wasser auch gantz roth ist/ vnd ober das grosse stich in der Seiten/ in der Brust/ oder im Heubt hat/ sol man des andern Tages darnach/ an der Seiten/ da er am meisten klaget/ die Leber Ader/ Heubt Ader/ oder die Median/ am Arme auffschlagen/ vnd wol lauffen lassen/ Sonderlich so das Bluth Dick/ Schwartz/ vnd Hitzig ist/ So es schön Roth ist/ vnd nicht Hitzig/ sol man die Ader balde zu halten. Nach
solchen

solchen Aderlassen / sol man den Krancken
auff den Rügken legen / mehr nach der
rechten Seiten / den nach der lincken / vnd
mith Essig / oder mith ein ander Krafft
Trüncklein/erquicken. Wer aber die Ader
zuuor wil schlagen lassen/ sol darnach des
andern Tages/ein Antidoton ein nemen/
oder nach gelegenheit / so ein lenitiuum,
des ich oben gedacht.

Zum Andern / so einer außgeschla=
gen / vnd die Beule noch weiß wer / sol
man an der Seiten / beneden der Beulen/
entweder einen Kopff setzen / oder eine
Ader sprengen/ Auff das das gifftige Ge=
blüth sich mehr nach der Beulen schlagen
mag / Aber nicht viel / sonderlich so das
Bluth noch roth ist/ Mitler weil/ sol man
das Antidoton nicht vergessen/ Auch sol
man ein Cataplasma auff der Beulen le=
gen/ das man alle Feurigkeit damith
zu hauff ziehen müge. Wen aber das
Antidoton den Gifft nach der Beulen
genugsam auffschlagen ka~/ sol man das
Aderlassen voruber gehen.

Zum

Zum Dritten/ wen die Beulen balde Roth oder Braun erscheinen / sol man gentzlich des Aderlassens / vnd Köpffe setzens sich enthalten. Denn solchs ist ein Zeichen / das die Natur / jhre Schantze besetz / vnd vor den schleichenden Veinde wol bewaret / auch selbst den Gifft der Pestilentz/ mith gewalt außzutreiben / sich vnternommen hat. Derhalben sol man balde der Naturen inwendich / vnd außwendigen zu hülffe kommen / vnd jhre Waffen/ mith einem bewerten Antidoto vnd starken Cataplasmate scherpffen helffen / Wie man aber die Beulen handeln/ verieren/vnd außmenstern sol/wil ich bald hernach anzeigen vnd leren.

Das man die gar Alten/vnd jungen Kinder / Schwangern Frauwen / vnd Junckfrauwen / die jhre Blumen haben/ die Ader nicht schlagen sol / wissen ohn allen zweiffel die Balbierer selbst / ohn mein vermanent.

Wen man der Patient den ersten Tag also wie oben angezeiget / sich verhalten/

halten / sol er die andere volgende Tage/
biß an den neunten / sich stil halten / auch
vnterweilen das Antidoton, erneuweren
vnd wider einnemen / vornemlich sol man
zusehen / das man alle Tage natürliche
Stulgenge habe. Wen aber die Natur
verstopffet/vnd hart were/ muß man mith
leichte Artzeney/ den Stulganck vorderen:
Damit aber der krancke gute Confortatiua
bey sich haben mag(welchs jhm hoch von
nöten) sol er aus dem Fünfften Capittel/
die Electuaria (so ich alda vor die schwan=
gern Frauwen / gesetzt) jhm machen las=
sen/ vnd von einem / welchs jhm gelüstet/
alle Tage etzliche mal/nach der nodtorfft/
was ein nemen. Vornemlich sol der
Patient/ so viel müglich / sich gute Ruge
vnd Schlaff verschaffen / Dauon ich itzt
noch weinig mehr anzuzeigen hab.

Zum Fünfften / wie man etzlichen
bösen zufellen begegenen sol.
Vom Schlaff.

✥

O

Ich

ICh gleube das alle Schrie-
benten/ so von der Pest ihe geschrie-
ben / ohn jenigen vnterscheidt gebi-
ten/ das man den Menschen / so mith der
Pestilentz angriffen wirt/ mith nichten den
Schlaff / einreumen / oder zulassen sol/
Wen er auch ein Antiduton schon eingenommen : Solchs hat allererst / die
Schweissucht/welche ver Acht vnd Vier-
zig jaren aus Engelant her kommen/ vnd
durch gantz Teutschlandt/vnd vielen vmb-
liegenden Lendern / einen bösen streich gethan / Vnd schlaffendt viel tausent Menschen vmbracht hat/ verursachet/ So sein
viel itzundt noch in der Meinung / wen
man einen / so die Pestilentz bekom-
met / schlaffen lest / das er den von der
Pestilentz nicht genesen kan / Wie auch
wol war ist / Sonderlich/ wen man nicht
balde wider den Gifft/ jhnen was eingibt.
Derhalben sol man diesen vnterscheit vnd
bericht mercken/ vnd wissen / Das etzliche
balde im anfang / wen sie franck werden/
des Schlaffs sich kaum erretten können/
Denen sol man wider den Gifft balde was
ein

ein geben / zu schwitzen nötigen/ vnd mich
tröstlichen vnd frölichen Reden/ auch mich
Essig vor der Nasen zu halten/ vnd zu bestreichen / den Schlaff auffhalten / vnd
vertreiben. Wen sie nun wol geschwitzet/
vnd der Schweis / mith warme Tücher
abgerieben ist / sol man mich lieblicher
Speise sie wider (so sie es von nöten haben) weinig erfrischen. Ist es aber vnnötig / vnd der Kranck ohn Speise sich
behelffen kan (er wirt auch in einer Nacht
nicht zu todte hungern) sol man jhm in
Gottes Namen rugen vnd schlaffen lassen.
Denn was einer vor Mühe vnd Arbeid
hat / einen der aus der Ruge kommen/
wider in den Schlaff zu bringen / erfaren
die mith Schmertzen / so tegliches mith
den Krancken vmbgehen müssen.

Etliche aber kreigen grossen schmertzen / vnd vnleidliche wehtage mith der
Pest / einer in der Seiten / der ander im
Rügken/ der dritte im kopff/ etzliche in allen Gliedern / das sie von grossen schmertzen nicht ein Auge zum Schlaff stellen
kön-

können. Sol man denen auch den Schlaff
verbieten? Nein / Sondern wen sie auch
zehen Pestilentzen hetten / so sol man sie
mith allem fleis / so viel müglich / zu den
Schlaff nötigen / aber doch nicht ohn
Theriac / oder Schweis trunck / Denn in
dem Schlaff / greiffet die Natur / und
innerliche Krafft des Menschen / die Artzeney zu sich / und stellet sich mit der Kranckheit im Streidt / Vermag also durch den
Rug / und Artzeney / das Gifft besser von
sich zu schlagen / und aus zu treiben / den
wen der Mensch nicht schlaffen kan: Es
oberwindt / und vergist der Krancke / durch
den Schlaff allen Schmertzen / Wehtage
und Schwermütigkeit : Erfrischet sich
durch den Schlaff / wirt munter / lustig /
und greiff in seiner Kranckheit selbst einen
guten muth.

Wen mir die Vernunfft / und teg-
liche erfarung nicht bey plichtede / wer wol
nötig / das ich mith andern Argumenten /
und Schutzreden / diß besser und weitleufftiger erkleren / und beweisen muchte. Es
                                                              sol

sol mir auch (durch Gottes Gnade) dar
an nicht mangeln. Aber weil es die gelegenheit jtz nicht leiden wil / muß ich
sampt andern / diß auch auffschauben/
vnd biß auff ein ander zeit sparen.

Derhalben / so dieser vnrath einfiel/
das der Patient nicht schlaffen kundte/
darzu grosse Pein vnd Wehtage hette/
sol man jhm das Laudanum Paracelsi
ohn jenigen forcht eingeben / welchs nicht
allein den Schlaff vordert/ Sondern vertreibet auch augenscheinlich / allen innerlichen Schmertzen / vnd ist auch sunst/
wider die Pestilentz gut / Oder man sol
eine schwartze Henne im Rügken auff-
schneiden / vnd den Krancken vnter die
Füsse binden. Item man macht sunst von
alten Lehm / Roggen Brodt / vnd Essig
ein Cataplasma, vnter den Füssen: Som-
merzeiten nimpt man wol Melissen / Bet-
tonien / Rauden / Taschenkraut (welchs
man grün bekommen kan) zerquetzt vnd
bindet vnter den Füssen zum Schlaff.
Item man macht auch wol auff der Apo-

teken

teken gute Schlaff Salbe / welche man
erst von dem Doctore sol schreiben / vnd
ordinieren lassen.

Von grossen vnnatürlichen
Turst/ vnd vbrige
Hitze.

Sst geschicht es / das die
Krancken in dieser Sucht / grossen
Turst vnd Hitze erleiden müssen/
einer mehr den der ander. Denen sol man
liebliche Kültrunck machen lassen / von
Gersten Wasser / oder von Violen / Rosen / Saurampffer Syrup etc. Item
Manus Christi, perla: Traganthi frigid:
Vornemlich ist das Edel Oleum Vitrioli,
in diesem vall eine herliche Artzeney/ Den
nicht allein der Turst damith geleschet/
Sondern das gifftige Fehur der Pestilentz/
wirt mith diesem Oleo vertrieben / Die
hitzige Leber wirt damith gekület/ vnn alle
jnnerliche Geister werden damith erfri-
schet/ vnd das brechen der Magen ge-
stillet.

Man

Man ſol nemen / guten Reinſchen Wein/ vnd Cancel Waſſer/jeders gleiche viel / oder Roſen Waſſer zu einem guten Trunck / in denſelbigen Trunck/ ſol man des Olei Vitroli ſo viel thun / das der Trunck einen ſchmach dar nach gewinne. Dauon ſol der Patient einen guten trunck zu ſich nemen / darauff ſich ſtil halten vnd rugen.

Wen man das Oleum nicht haben kan / ſol man auff volgende weiſe / ein Juleb auff der Apoteken bereiten laſſen.

R: Syrup: Acetoſitatis Citri : Grana-
torum ana ʒ j. ſs. Roſarum ʒ j.
Boli armeni veri præparati ʒ j. ℈ ſ.
Spec : Triaſandali ℈ ij.
Aquarum Roſarum vini odorati
ana ʒ v. Miſce , fiat Iuleb, addendo
Aceti Roſarum ʒ j.

Noch ein Kültrunck.

R: Spec : Diamarg figid : Triaſand
ana ʒ ſs. Confectionis Alchermes
gra : v.

Syrupi

Syrupi Granato : Bizinti: ana ℥ j. ſs.
Aq: Voliarum, Bugloſſæ ana ʒ iij.
Aceti Roſarum vel Sambu ℥ j.
Miſce, fiat Iuleb.

Dieſe Truͤnck kuͤlen / ſtercken das
Hertz / vnd vertreiben den Gifft der Peſtilentz.

Außwendigen zum Hertzen / ſol
man ein Epithema machen laſſen / vnd
mith Tuͤcher vber das Hertz ſchlagen.

R : Spec: Diagemmis ʒ j. Sandali
    Rubei, Corticum Citri, ligni Aloes,
    Macis, ana ʒ ſs. Been albi &
    Rubri, Camphoræ, Croci, ana Ɔ ſs.
    Moſci gra : v. vini odorati ℥ iiij.
    Aceti Roſarum ℥ ij.
    Miſce fiat Epithema.

Deßgeleichen kan man auch Kuͤl-
ſalbe bereiten laſſen / die Bruſt / vnd den
Ruͤgken dar mith zu ſchmieren.

R : Olei Roſarum, Violarum,
    Nenupharis ana ʒ iij. Spec : Triaſ:
                                Arama-

Aromatici Rofarum ana ʒ iij.
Camphoræ gra : iij. Mifce
Cum cera alba,fiat vngentum.

Wen die Krancken groſſe Hitze im
Heubt bekommen / ſol man vnter den
Füſſen etwas binden / wie oben von dem
Schlaff geſagt iſt / auch kan man vmb
das Heubt / außwendigen ein Epithema
ſchlagen/ auff dieſe weiſe :
R : Aquarum Rofarum, Violarum,
    Nenupharis, Aceti Rofar : ana ʒ j.
Spec: Triafand : Ɔ ij. ſs. Camphoræ
Gra : j. Mifce, fiat Epithema :

Von denen/ ſo keine Speiſe bey
ſich behalten kön=
nen.

ES begibt ſich offt / das dieſe
Krancken / wider Speiſe / noch
Artzeney/ bey ſich behalten können :
Denſelbigen ſol man das Oleum Vitrioli
auch geben / in der maſſen wie ich oben
dauon geſchrieben. Man ſol aber ſolch
einen groſſen Trunck den Krancken nicht
ſchencken / wie da geſagt iſt/ von den Hi=

P   tzigen

tzigen vnd durstigen / auch mag man wol
Wein allein / in diesem vall nemen / Etzliche nemen warm geröstet Brodt / mith
Negelein Puluer / Kimmel / vnd Essig
besprenget / vnd legen das auff den Magen Mundt. Auch kan man eine Salbe
machen lassen / vnd auff den Magen
schmieren / auff diese weise.

R : Ole : Citoneorum, Masticis,
    Mirtillorum, ana ʒ ij. Menthæ,
    Absinthij, ana Ə ij. Specierum
    Diagalangæ, Ə j. ss. Chariophil : Ə j.
    Misce cum Cera, fiat vngentum.

Von vberflüssigen Durchlauff/
oder Stulganck.

DEN vberflüssigen Durch-
lauff / sol man nicht leichtfertigen
stopffen / sonderlich den ersten tag /
auch den andern Tag nicht / so vern die
Natur nicht zu sehr dardurch geschwechet
wirt : So aber der Stulganck vberhandt
nemen wörde / sol man erstlich außwendigen dasselbige Oleum, das zu den Brechen
ordinieret / gebrauchen / vnd warme tücher /
die

die mit Maſtic, Wirauch ꝛc. gereuchert
ſein/ den Leib erwermen :

Wen das nicht hilffet / ſol man ohn
Gefahr das ſaur Oleum Vitrioli den
Patienten geben/ mit Roten Wein / oder
guten alten Wein / in welchen erſtlich ein
glöende Roſennobel / ein mal/ oder fünff/
abgeloſchet iſt / oder cum aqua Plantaginis, & modico ſemine Plantaginis.

Auch iſt das Laudanum Paracelſi,
zu dieſem mangel / krefftig / vnd guth/
cum Syrupo Cotoneorum, vel, Bizan-
tino : &c.

Der rechte Crocus Martis vbertrifft
dieſe andern alle / in gar kleinen gewicht/
mit Violen Syrop / oder mit einem
andern ein gegeben.

Dieſe Artzeney / iſt auch zu das
Brechen nutzlich / vnd ſehr guth / Deßgeleichen vor andern Gebrechen des Men-
ſchen/ dauon ich/ mit Gottes hülff/ auff
ein ander mal mehr zu ſchreiben/ vor mir
genommen hab.

Etzliche gebrauchen ein guth Man-
delmilch/in dieſem Gebrech/ Vor die ſüſſe

P ij

Man-

Mandelen (die man gemeinlich hie zu nimpt) wolt ich die bitter Mandelen/ vnd Persick Körner gebrauchen etc.

So etzliche von grosse Pein vnd Wehtagen des Leibes gemartert worden/ sol man das Laudanum Paracelsi da wider gebrauchen: Weil aber solche Marter/ damith die Menschen in dieser Kranckheit geplaget werden / nicht einerley sein / sol man die Doctoren/ daruber Consulieren/ vnd Radtfragen : Das man dem Krancken seinen Schmertzen nicht vermere.

Zum Sechsten/ wie man sich mit den außwendigen Beulen verhalten/ vnd wie man sie Cu= rieren sol.

Von den Beulen vnd Trü= sen der Pestilentz / schreiben auch viele Medici gar seltzam/ als nemlich das man auff die Beulen (wen sie noch weiß / vnd nicht gar außgebrochen) Köpffe setzen/ oder das man sie zuuor mith einer flieten / hauwen / vnd picken sol. Das also der armer Patient/ so er

zuuor

zuuor keine Wehtage hat / dauon voller
Schmertzen werden muß. Wie offt geschicht es / das einer von grosser Pein vnd
vnleidlichen Schmertzen in ein Fiber val-
let. Sol man den so vnbarmhertzig/ mith
einem schir sterbenden Krancken vmbgehen? Das ist jo contra Maiorum no-
strorum præceptum, die da sagen / Cito,
tuto, iucunde. Das ist/ Balde/ ohn Ge-
fahr/ vnd gelimpfflich / Ist dasselbich in
andern Kranckheiten nötig / gewißlich so
ist es auch in der Pestilentz hoch vonnöten.
Denn in dieser Kranckheit der Patient
nicht viel weil hat / grossen Schmertzen
zu leiden: Ist auch vnmüglich mith solch
ein mittel die Beulen grösser zu machen/
oder herausser zu ziehen : Ja viel mehr/
so etwas außgeschlagen / wirt balde / von
wegen der grossen Pein der Schwulst wider einschlagen / Wiewol es vnmüglich/
das der Patient / an den ort / da er einen
Trüß hat / ohn Schmertzen sein sol :
Vnter der Beulen einen Kopff zu setzen/
mag hin gehen. Kan man aber andere
Mittel haben / den Gifft auß dem Leibe

P iij   zu

zu ziehen / sol man die schmertzhafftige
Mittelen bleiben laſſen / vnd die gelinde
vor die Handt nemen / wil man aber gelimpfflich vnd gelinde den Krancken helffen. Derhalben wil ich etzliche gute ſtück
erzelen / damith man / ohn Köpffe ſetzen/
die Beulen der Peſtilentz herfor locken/
vnd aus bringen kan.

Dieweil ich oben die zeichen der Peſt/
vnd andere dingen / hie her gehörich / aus
der Bibelen genommen/ wil ich auch das
erſte Recept / wider die Peſtilentziſche
Beulen / aus der Heiligen Schrifft ne-
men/ vnd hie her ſetzen.

Wir leſen in der Heiligen Schrifft/
Eſaie 37. da Gott den Gottfürchtigen
König Ezechiam/ mit einer Peſtilentziſche
Beule geſchlagen/ vnd von dieſem betrüb-
ten Jamerthal nemen wolte / Das der
fromme König Ezechias zu Gott ſich
kerete / rieff vnd batt jhm / das Gott ſein
Leben zu der zeit / noch friſten wolle etc.
Da erhöret Gott den guten König / vnd
ſchicket den Propheten Eſaiam zu jhm/
das er jhm/ aus Gottes befehl / ſeines Le-
bens

bens Ziehl / vnd Gesuntheit anzeigen/
vnd das er seine Beulen genesen solt. Da
nam der Prophet eine Feige / vnd lede sie
dem lieben König auff seine Beulen/ Das
uon genaß der liebe König/ vnd wirt von
seinen schmertzen/ vnd Kranckheit errettet.

Wen wir die frische Feigen recht
ansehen / vnd jhre Figur vnd Gestalt be-
trachten wollen / müssen wir bekennen/
das die Feigen den Trüsen der Pestilentz/
von gestalt nicht vngleich sein : Daraus
zu mercken / das Gott den Feigen sonderliche krafft/vnd eigenschafft/ wider die Pestilentz gegeben / vnd eingepflantzet hat:
Paracelsus nennet solche dingen / Signa-
tas, als das jhre gestalt etzlicher massen
außweise/ vnd verzeichne/ worzu sie guth/
vnd nutzlich sein : Wie den alle Kreuter/
Früchte / Wortzelen etc. vnd was sunst
aus der Erden wechst/ wen wir fleisig-
lich sie anschauwen wollen / vns leren/
vnd weisen / zu welchen Geliedmaß/ vnd
zu welcher Kranckheit es nutzlich/ vnd
dienstlich ist etc.

So

So wollen wir nun das erste Cata=
plasma wider die Pest / aus der Bibelen/
von den Feigen auch machen. Also:

R: Ficuum pingnium, numero, vij.
    Vitell: Ouo: numero ij.
    Mellis crudi, ℥ j. ſs. Theriac:
    Andromachi, 3 vj. Salis: 3v.
    Ole: Liliorum.
      Miſce, & fiat Cataplaſma ſecun=
dum artem.

      Diß ſol man warm auflegen/vnd ſo
lang es ſucht bleibet/ legen laſſen.

Noch ein ander *Cataplaſma*, Von Feigen.

R: Pulpæ ficuum, ex aceto coctarum,
    Fermenti veteris, ana lib: ſs. Rad:
    Ireos recentis, Cucumeris agreſtis,
    Et Brioniæ recentium & rudarum,
    Ana ℥ ij. Se: vrticæ & naſturcij,
    Ana ℥ ſs.
      Tria omnia contundantur & in
formam Cataplaſmatis, redigantur.

Noch ein anders.

                R: Rad:

R : Rad : Altheæ ʒ ij. lileorum ʒ ij.
Coquantur optime, Deinde R :
Huius pulpæ ʒ iij. Fermenti
Veteris ʒ j. Mellis crudi ʒ j. ſs. Olei
Camamilliarum q : ſs. fiat
Cataplaſma ſecundum artem.

Dieſe Cataplaſmata Ziehen den
Gifft / vnd andere böſe Feuchtickeiten zu
hauff/ vnd lindern den Schmertzen.

Wil man aber dieſe Cataplaſmata
ſtercker / vnd krefftiger machen /, kan man
Pulueris aleo epat : in oleo Chamomil-
larum ſoluti darunter miſchen / Aber
nicht mehr als vngeferlich die Beule groß
iſt/ ſol man auff legen.

Item Puluis vitri Antimonii, Radicum Hellebori nigri, Diagridii, erſtlich
nach der gebür zugerichtet / ziehen die
Trüſen gewaltig herfor / ſo ſie recht auff
gelecht vnd gebrauchet werden. Denn wie
ſie im Leib die böſe Humores zuſammen
ziehen: alſo widerumb wen ſie auff Peſtilentziſche Beulen vber gelecht werden/
Ziehen ſie balde / vnd mith gewalt den
Gifft zuhauff/ das es wie ein Gangkes

O   na/

na / oder faul Fleisch / heraus fallen
muß.

Man kan sunst auch wol eine Zwiebel / zimlich groß / außholen / vnd mith
Theriac wider anfüllen / Darnach sol
man dieselbige Zwiebel in einem Koiblath
wickelen / vnd vnter die Aschen braten/
Wen die Zwiebel mith den Theriac also
gebraten ist / sol man sie heraus nemen/
vnd wol vermischet / auff die Beulen legen : Diß zeucht auch das Gifft gewaltig heraus.

Wen nun das Gifft an einem ort/so
gezwungen ist/ geschicht es offt/ das auch
das vmbliegende Fleisch entzündet wirt/
Den sol der Balbierer bey zeiten begegenen / vnd gute Defensiua darumb schlagen / das das Gifft nicht weiter vmb sich
fresse/ vnd ein Gelidt des Leibes / mith
hin weg neme / vnd also abfalle.

Zu solchen vellen nemen etzliche das
vngentum Populeonis simplicis, die olea
Violarum, Rosarum, Nenupharis, mith
Essig / vnd Bolo Armeno vero, misce-
ret: Etzliche nemen auch das Weiß vom
Ey/

Ey / mith Allaun geschlagen / vnd Bolo
Armeno vermischet : Im anfang sein
diese guth genug / vnd werden solche in-
flammationes wol verhindern : Aber so
die Inflammatio zu groß werth/ oder sunst
grosser Schade zu furchten / vor keine/
wil ich den Balbierer noch ein stathlich
vnd Güdten Defensiff miththeilen.

R : Olei Rosarum ℥ iiij. Boli armeni
    Veri, Terræ sigillatæ, ana ℥ ſs.
    Aceti Rosarum, ℥ ij. Succi Solatri,
    Semper viui, ana ʒ vj. Campho: ʒ j.
    Misceantur simul, & secundum
artem applicentur :

    Wen nun die Pestilentzischen Beu-
len reiff sein / vnd aus gefallen / sol man
die Wunde rein halten / vnd mith incar-
natiuis fein zuheilen : Welchs den wol ein
gering Pflaster thun kan. Derhalben ists
ohn noth/ sonderliche incarnatiua hie her
zu setzen:

Zum Siebenden / wen keine Artzeney helffen wil / wes sich den der
      Krancke zu trösten habe.

        Q ij   Non

Non eſt in Medico, ſemper releuetur
    vt æger
Interdum docta , plus valet arte ma/
    lum. Schreibet Ouidius:
Das iſt : Nicht ſteds in eines Artzten
    Macht
Das baldt / der Kranck werd auffge=
    bracht/
Offt iſt ſein Schad/vnd Sucht ſo groß
    Das Artzt vnd Kunſt nichts richten
aus.

    Das diß war ſey / bezeuget die teg=
liche erfarung an Jungen vnd Alten/
Reichen vnd Armen. Den der Todt ſcho=
net niemandt : Wen aber die gar Alten
allein ſterben ſolten / worden die Jungen
gar ſicher leben/in vollen ſprüngen gehen/
vnd die Buß biß ins Alter ſparen. Solten
auch die Armen allein ſterben / ſo worde
keiner Arm ſein wollen: Derhalben greifft
der leibliche Todt / alle Menſchen gleich
an: Auff das wir all fromb ſein/vnd durch
aus einen Gottſeligen wandel füren ſollen.
    Der gerechte aber(wie Salomon in
ſeinem Buch der Weißheit am vierdten
                  Capi=

Capittel ſchreibet) wirt weggenommen/
aus den Leben/ vnter den Sündern/ vnd
wirt hingerücket / das die Boßheit ſeinen
verſtandt nicht verkere / noch falſche Lere
ſeine Seele betriege:Vnd(wie Eſaias am
56. Cap: ſagt) er (der gerechte) wirt vor
dem vngelück weggeraffet/ vnd die richtich
gewandelt haben / kommen zum Frieden/
vnd rugen in jhren Kammern.

Diß ſol aller Gottes fürchtigen höch-
ſter Troſt/ vnd verlangen ſein/das ſie aus
allem Vnglück / Elend/ vnd Jamer / in
dem ewigen Frieden / Rug vnd Seligkeit
geraffet werden. Daher gehören alle die
genigen die an Chriſto gleuben / Johan:
3. 4. 6. etc. Weil aber gemeinlich allen
Menſchen begegenet / das ſie in jhren
höchſten nöten nicht viel wort im Gebede
gebrauchen können / vnd aller Gottfürchtigen Gebeter nichtes anders/den ſeufftzen/
wehnen/ vnd klagen ſein/ Sollen wir vns
des tröſten / das vnſer Herr vnd Heilande
Iheſus Chriſtus/ vnſer liebſter Bruder/ſo
treuwlich vor vns gebeten hat / Joha. 17.
Da er ſagt/ vnd von hertzen bittet: Vater/

Q iij   Ich

Ich wil das wor ich sey / auch die bey mir
sein / die du mir geben haſt / Das ſie meine
Herligkeit ſehen mügen / die du mir geben haſt :

Was diß vor Herligkeit ſey / ob ichs
wol gern außreden / vnd erkleren wolt / iſt
mir dennoch vnmüglich : Der liebe heilige
Apoſtel Paulus / hat ſie geſehen / kan ſie
dennoch nicht außreden : Eſaias am 54.
vnd 65. Capittel / hat wol etzlicher maſſen /
die Frewd / den Frieden / vnd die Herligkeit /
in genem Leben beſchreiben wollen / gefal-
let ſich aber ſelbſt nicht : Wie auch Joh.
am 21. Cap: Der Offenbarung mit her-
licher beſchreibung einer neuwen Stadt /
(die von lauterm Golde / Edelſteinen etc.
auff das köſtlichſt mag gebauwet ſein) dieſe
Herligkeit / das er vns nach ſolcher ſchönen
Stadt verlangen machen muchte / hat wollen abmalen: Iſt aber gar zu gering: Willen derhalben / mith freyer Hoffnung / die
rechtſchaffene Herligkeit in genem Leben /
ſelbſt anſchauwen vnd bewonen. Darzu
vns Jheſus Chriſtus verhelffe /
A M E N.

EPIGRAMMA:

In libellum de Peſte D: Iohannis
Varuuichij,

Eſt velut ipſa,malum grande,& miſera
bile Peſtis,
    Quæ vomit irato,dira venena Deo:
Polluit æthereos, quorum contagio tra
ctus,
    Terrigenumꝗ truci, dat genus om
ne neci.
Sic Medicina , bonum grande & vene
rabile contra eſt,
    Propitio cohibet,quæ mala dira deo.
Et quos vicino mors terruit atra ſepul
chro,
    Viuere Neſtoreos datꝗ vigere dies.
Hæc,quia præſenti cum ſedulitate libello,
    Monſtrat Apollinei lucida fama
chori
Varuuichius : dignum quis perneget
eſſe viciſſim,
    Quem redament homines, & Deus
ipſe beet.
        M: Ioh: Amerinus
           Ripenſis.

Zum Gottfürchtigen
Leser.

WEil ich mit der Druck/vber die zwo Monat verhindert bin gewesen/ hat der Almechtige Gott/vnser Klag vnd Gebet erhöret/
vnd wie zu Niniue/ aus lauter Gnad vnd
Barmhertzigkeit/ die Straff der Pestilentz
(ihm sey ewig Lob/ vnd Danck daruor) also
gelindert/ das kaum zu wissen/ob einer an Pest
mehr sterbe. Gott verley weiter Gnad/ das
wir in rechtschaffene Buß/ vnd andechtigem
Gebeate/ verharren/ teglichs zu nemen/vnd
gesterckt mügen werden/ Amen.

Nach dem nun das sterbent auffgehöret/
bin ich auch vorhabens gewesen/ diesen meinen
geringschetzigen Arbeit zu vnterdrucken. Aber
weil etzlichen vornemen Leuten/vnd sonderlich
den hochgelerten Herrn Professoren/ dieser
löblichen Vniuersithet/ diß Büchlein gefallen/
Etzliche auch mich darumb genötiget/ das es
auffgelecht/ vnd in Druck muchte gefertiget
werden/ hab ich solchs verschaffet. Bitte aber
den Güttlichen Leser/ da etwas zu viel oder zu
weinig/ von mir hie gethan were/ wolle mir
zum besten halten/ vnd der kurtzen zeit/ auch
das ich andere Autores hiruber nicht hab con-
sulieren können/ die schult zu messen. Eilens
in Kopffenhagen/ Den 11. Martij Anno
1 5 7 7.

Joh: Varwich D: